Δημόσιες σχέσεις στο τουρισμό και τη φιλοξενία:

20 πρακτικές περιπτώσεις για μελέτη & ανάλυση

του
Μάρκου Κ. Κομνηνάκη, AAS, BSc., MA, PhD, CT
Professional Educator in Tourism & Hospitality

FYLATOS PUBLISHING

ISBN: 978-618-5163-01-3

στην Αγγελική Τριάντου
...από καρδιάς

στην αδελφή μου
Άννα Κομνηνάκη - Μαϊμουδόγλου
και την οικογένειά της

Π Ε Ρ Ι Ε Χ Ο Μ Ε Ν Α

Επισήμανση:
Τα ονόματα και οι εμπορικοί τίτλοι που εμφανίζονται στις πρακτικές περιπτώσεις
είναι τυχαία και φανταστικά.

Ο συγγραφέας

Ο Μάρκος Κομνηνάκης είναι σύμβουλος τουριστικής εκπαίδευσης & επιμόρφωσης, professional educator & trainer, συγγραφέας, μέλος του International Board of Certified Trainers, εκπαιδευτής σε θέματα hospitality management, hospitality marketing & corporate communication. Μέλος της International Society of Travel and Tourism Educators.

Σπούδασε στις ΗΠΑ και αποφοίτησε από τα πανεπιστήμια City University of New York, Ohio University και Lorenz University, USA. Συνεργάστηκε εκπαιδευτικά με το πανεπιστήμιο University of Phoenix και την American Hotel & Motel Association (AH&MA). Συγγραφέας τουριστικού μάνατζμεντ με πλούσιο συγγραφικό έργο και δημοσιεύσεις θεμάτων τουριστικής εκπαίδευσης.

Στην Ελλάδα συνεργάστηκε συμβουλευτικά και εκπαιδευτικά με γνωστές ξενοδοχειακές αλυσίδες όπως τα Maris Hotels, Divanis Hotels, ASTIR Βουλιαγμένης, Porto Carras, Santa Marina Beach, Corfu Hilton, Metropolitan, κ.α. Για χρόνια διετέλεσε εκπαιδευτής προγραμμάτων τουρισμού και δημοσίων σχέσεων στον Ε.Ο.Τ.

Τα τελευταία χρόνια, διετέλεσε ακαδημαϊκός σύμβουλος σε μεγάλο ιδιωτικό πανεπιστήμιο της Μέσης Ανατολής. Πρόσφατα ίδρυσε με συνεργάτη του την συμβουλευτική εταιρεία GROWCONSUL LTD με έδρα το Λονδίνο.

Η GROWCONSUL LTD προσφέρει σύγχρονες υπηρεσίες οργάνωσης των πωλήσεων σε κάθε μορφή ξενοδοχειακής επιχείρησης στην Ελλάδα και το εξωτερικό.

Αντί προλόγου....

Το εγχειρίδιο αυτό αποτελεί ένα χρήσιμο "εργαλείο" για όλους όσους ασχολούνται ή πρόκειται να ασχοληθούν επαγγελματικά με τις δημόσιες σχέσεις στον ευρύ και ευαίσθητο χώρο του τουρισμού.

Σκοπός του εγχειριδίου είναι να εξασκήσει τους ενδιαφερόμενους με τα πρακτικά θέματα που πρόκειται να συναντήσουν στη καριέρα τους και να εξοικειωθούν με την πραγματικότητα των δημοσίων σχέσεων.

Οι πρακτικές περιπτώσεις που έχουν επιλεγεί καλύπτουν ένα ευρύ και ποικίλο φάσμα θεμάτων και προέρχονται από την επαγγελματική εμπειρία του συγγραφέα στο χώρο του τουρισμού.

Ο συγγραφέας βρίσκεται στη διάθεσή σας να αξιολογήσει τις απαντήσεις σας μέσω ηλεκτρονικού ταχυδρομείου αν το επιθυμείτε :
mkomninakis@hotmail.com.

Ευχαριστίες

Επιθυμώ να εκφράσω τις ειλικρινείς ευχαριστίες μου σε όλους τους συνεργάτες που άμεσα ή έμμεσα με ενέπνευσαν συντελώντας με τον τρόπο τους στη συγγραφή του παρόντος!

Ιδιαίτερα επιθυμώ να ευχαριστήσω τους

· Γιάννη Μαϊμουδόγλου, *ιδιοκτήτη του ξενοδοχείου Άδωνις στα Λουτρά Αιδηψού*
· Γιώργο Μαϊμουδόγλου, *Δντή του ξενοδοχείου Άδωνις στα Λουτρά Αιδηψού*
· Γεράσιμο Κομποθέκρα, *παιδικό μου αδελφικό φίλο, ξενοδόχο, ιδιοκτήτη του Elea Resort στη Σαντορίνη και την οικογένειά του*
· Χάρη και Γιάννη Γερονικόλα, *φίλους και συνεργάτες, ιδιοκτήτες του City Unity College στην Αθήνα*
· Χρυσούλα Βλαζάκη, *Δντρια ξενοδοχείων*
· Βασίλη Νατσιόπουλο, *Τουρισμολόγο, Δντή ξενοδοχείων*
· Πέπη Μπιρλιράκη, *ξενοδόχο και Αντιδήμαρχο στο Δήμο Ρεθύμνης*
· Μαρίτα Καλοειδά, *Δντρια ξενοδοχείων*
· Σηφάκη Αντύπα, *ιδιοκτήτη του Millennium Travel*
· Μανώλη Καλαϊτζάκη, *Δντη ξενοδοχείων*
· Διονύση και Άρη Παπουτσή, *καλούς φίλους που γνώρισα στο Ερμπίλ του Ιράκ*
· Πάνο Αβατάγγελο, *φίλο και συνεργάτη, managing director της συμβουλευτικής εταιρείας Macaloid Consulting Ltd*
· Γιάννη Πολυζώη, *Αναπλ. Γενικό Δντή Εκπαιδευτικού Κέντρου της Εθνικής Τράπεζας*
· Μανώλη Πετρακάκη, *πραγματικό φίλο από το Ρέθυμνο*

Παράλληλα, επιθυμώ να ευχαριστήσω όλους τους μαθητές μου στις σχολές Τουρισμού που ευτύχησα να διδάξω, αλλά και να διδαχθώ!

Η θεματολογία των πρακτικών περιπτώσεων

Πρακτική περίπτωση 1
Πανικός στο Silver Gulf Resort Hotel: διαχείριση κρίσης

Πρακτική περίπτωση 2
"Εμμέσως πλην σαφώς": Ενέργεια έμμεσης προβολής

Πρακτική περίπτωση 3
Alpha Executive Star Hotel

Πρακτική περίπτωση 4
SeaSide Resort Hotel

Πρακτική περίπτωση 5
The Golden Ladies Club

Πρακτική περίπτωση 6
Apocalypsis Ltd: Αντιστροφή αρνητικής "εικόνας"

Πρακτική περίπτωση 7
Ο "εφιάλτης" του Zante Wings

Πρακτική περίπτωση 8
Blue Sky Lagoon Hotel

http://www.spsmarketing.co.uk/publicrelations.html

Πρακτική περίπτωση 9
Arrow Hospitality Group

Πρακτική περίπτωση 10
Καρναβάλι στο Ρέθυμνο

Πρακτική περίπτωση 11
Seafood On The Grill

Πρακτική περίπτωση 12
Η HFG στην έκθεση "Τουριστικό Προφίλ"

Πρακτική περίπτωση 13
Η δωρεά του "ΕΛΑΤΟΣ"

Πρακτική περίπτωση 14
Ο καφές που...αναστατώνει!

Πρακτική περίπτωση 15
We Enjoy Europe Together..!

Πρακτική περίπτωση 16
Η Ρωσική επίσκεψη στο Cretan Treasure

Πρακτική περίπτωση 17
Το newsletter του Athenian Tower Inn

Πρακτική περίπτωση 18
Το δελτίο τύπου του Lobster Magic

Πρακτική περίπτωση 19
Η "καταιγίδα"

Πρακτική περίπτωση 20
Το Σκωτσέζικο ντους

Οι δημόσιες σχέσεις
με λίγα λόγια...

Οι δημόσιες σχέσεις με λίγα λόγια...

Δημόσιες σχέσεις είναι το σύνολο των προγραμματισμένων, συνεχών, οργανωμένων ενεργειών της τουριστικής επιχείρησης που αποβλέπουν στη δημιουργία και διατήρηση της θετικής της εικόνας.

Ο ορισμός των δημοσίων σχέσεων διατυπώθηκε το 1994 στο παγκόσμιο συνέδριο του Μεξικού και από τότε είναι γνωστό ως "Mexican Statement": **"Δημόσιες Σχέσεις είναι η διαχείριση της φήμης σαν αποτέλεσμα των πράξεων, των μηνυμάτων και της αντίληψης των άλλων για αυτά"**

Τα 20 βασικά στοιχεία που πρέπει να θυμόμαστε για τις δημόσιες σχέσεις:

1

Οι δημόσιες σχέσεις για την επιχείρηση στον τουρισμό αποτελούν τη σημαντικότερη δραστηριότητα της επικοινωνιακής της πολιτικής, διαφέροντας από άλλες μορφές εταιρικής επικοινωνίας όπως η διαφήμιση ή η προώθηση των πωλήσεων. Παρ όλα αυτά, και οι ενέργειες δημοσίων σχέσεων συντάσσονται κάτω από τη γενικότερη πολιτική μάρκετινγκ ώστε να επιτευχθούν οι στρατηγικοί στόχοι της επιχείρησης. Ο γκουρού του σύγχρονου μάρκετινγκ, ο Philip Kotler, τις κατατάσσει ως συστατικό του "μείγματος" μάρκετινγκ. Η διαφήμιση επικεντρώνεται στη πελατεία, "μιλά" για το προϊόν, προτρέπει σε πωλήσεις, τονίζει το εμπορικό προφίλ της επιχείρησης, υποκινεί τον υποψήφιο πελάτη σε δράση. Οι δημόσιες σχέσεις, αντίθετα, δεν περιορίζονται στην επικοινωνία με την πελατεία, επικοινωνούν με όλες τις κατηγορίες κοινού, δημιουργούν το απαιτούμενο "κλίμα" εμπιστοσύνης που επιτρέπει στην επιχείρηση να διατηρεί ένα κοινωνικά αποδεκτό προφίλ.

Οι δημόσιες σχέσεις αφορούν την συνεχή επικοινωνία της τουριστικής επιχείρησης με τους πελάτες της, τους προμηθευτές, τη Κοινότητα, την Πολιτεία και τις Αρχές, τα ΜΜΕ, τους μετόχους της επιχείρησης, το προσωπικό της και τους υποψήφιους που προσδοκούν να εργαστούν σε αυτή. Συχνά οι δημόσιες σχέσεις καλλιεργώντας τη θετική "εικόνα" της επιχείρησης λειτουργούν ως "ασπίδα" προστασίας στις κακόβουλες κριτικές ή τις πιθανές κρίσεις που πιθανά να θέσουν σε αμφισβήτηση την αξιοπιστία της.

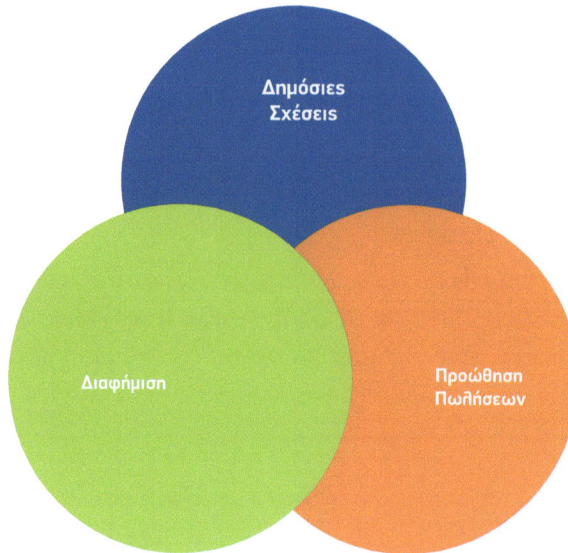

Δημόσιες Σχέσεις

Διαφήμιση

Προώθηση Πωλήσεων

2

Οι δημόσιες σχέσεις αποτελούν μία δυναμική μορφή επένδυσης. Το κόστος σε ενέργειες που δεν έχουν άμεσο οικονομικό αποτέλεσμα, όπως για παράδειγμα έχουν οι πωλήσεις, αναμένεται να "επιστραφεί" με το κέρδος της επιχείρησης στους τομείς της θετικής εικόνας και της θετικής αντίληψης που διαμορφώνει η κοινωνία και που είναι απαραίτητα στοιχεία για να επιτρέψουν στο μάρκετινγκ να λειτουργήσει αποτελεσματικά. Συχνά οι ασχολούμενοι με τις δημόσιες σχέσεις τις ονομάζουν και "κοινωνικό μάρκετινγκ". Τονίζοντας ότι οι ενέργειες αυτής της κατηγορίας διαμορφώνουν το κοινωνικό της προφίλ και επικοινωνούν την κοινωνικότητα της επιχείρησης σε αντίθεση ή σε συμπλήρωμα της εμπορικότητάς της. Παρά το γεγονός ότι οι περισσότερες ενέργειες δημοσίων σχέσεων ενδεχομένως να προϋποθέτουν τη διαθεσιμότητα οικονομικών πόρων (όπως για παράδειγμα οι χορηγίες ή η συμμετοχή σε Εκθέσεις), υπάρχουν πολλές δημιουργικές ιδέες χωρίς ιδιαίτερο κόστος- που μπορούν να διαμορφώσουν θετική "εικόνα" και να "περάσουν" το μήνυμα της κοινωνικής προσφοράς, της αξιοπιστίας, της συνέπειας, της εμπιστοσύνης. Η συμμόρφωση με τη νομοθεσία, η αποφυγή της κερδοσκοπίας, η ξεκάθαρη στάση της ιδιοκτησίας με τους υπαλλήλους, η άμεση αποζημίωση των πελατών σε υπηρεσίες που δεν προσφέρθηκαν σωστά, δημιουργούν το πλαίσιο της αξιόπιστης και"υγιούς" επιχείρησης που αργά ή γρήγορα θα "βγουν προς τα έξω" ανέξοδα. Οι ενέργειες Δημοσίων Σχέσεων πρέπει να στοχεύουν στο αμοιβαίο συμφέρον τόσο της επιχείρησης όσο και του κοινού. Ουσιαστικά πρόκειται για την ευθυγράμμιση των συμφερόντων της επιχείρησης με τα ενδιαφέροντα και το συμφέρον του κοινού. Η άποψη ορισμένων ότι οι δημόσιες σχέσεις είναι ένα ακριβό "χόμπυ" για την επιχείρηση δεν ισχύει! Πολλές ενέργειες επικοινωνίας μπορούν να έχουν πολύ χαμηλό έως μηδενικό κόστος αν οι υπεύθυνοι των δημοσίων σχέσεων χρησιμοποιήσουν τη δημιουργικότητά τους.

3

Οι κατηγορίες του κοινού για τις οποίες σχεδιάζονται τα περισσότερα προγράμματα δημοσίων σχέσεων είναι

- Η Κοινότητα και γενικά η κοινωνία (community)
- Οι γειτονικές ομοειδείς επιχειρήσεις (neighbors)
- Τα Μέσα Μαζικής Επικοινωνίας (mass media)
- Οι δημόσιες / κρατικές Αρχές (public authorities)
- Οι πελάτες (guests/customers)
- Οι επαναλαμβανόμενοι πελάτες (repeaters)
- Η τουριστική βιομηχανία και ο ανταγωνισμός (industry/competitors)
- Το προσωπικό (personnel)
- Το μελλοντικό προσωπικό (prospective staff)
- Οι προμηθευτές (suppliers) προϊόντων και υπηρεσιών
- Οι μέτοχοι και οι επενδυτές (investors, shareholders)

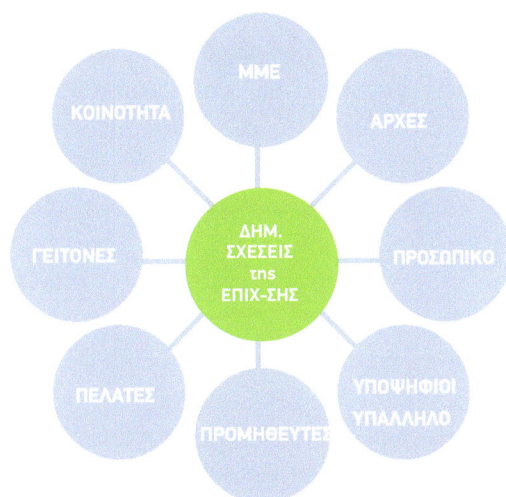

4

Τα βασικά "εργαλεία" επικοινωνίας των δημοσίων σχέσεων αποτελούν:

Οι **τηλεφωνικές γραμμές εξυπηρέτησης** οι οποίες προσφέρουν υπηρεσίες ενημέρωσης και καθοδήγησης των πελατών και διαχειρίζονται παράπονα.

Οι **ιστοσελίδες** στο διαδίκτυο όπου προβάλλονται πληροφορίες για την τουριστική επιχείρηση και τις υπηρεσίες της. Η ιντερνετική παρουσία της τουριστικής επιχείρησης κρίνεται ως ένα απαραίτητο και δυναμικό "εργαλείο" επικοινωνίας συνδεόμενο άμεσα με τις πωλήσεις.

Τα **Μέσα κοινωνικής δικτύωσης (social media)** όπως το Facebook, το Twitter, κ.α.

Από τυπική σελίδα επικοινωνίας στο διαδίκτυο

Οι **χορηγίες,** οι **δωρεές** και οι **φιλανθρωπίες** που τονίζουν το ρόλο της επιχείρησης ως καλού, συνεπούς και ενεργού "πολίτη" της κοινωνίας. Η χορηγία, το πιο σημαντικό εργαλείο ενίσχυσης της εταιρικής εικόνας μιας τουριστικής επιχείρησης, αποτελεί μια επικοινωνιακή προσέγγιση που επιβάλλεται στα σύγχρονα δεδομένα. Μέσω ποικίλων χορηγικών ενεργειών δημιουργούνται συνέργιες, που συμβάλλουν στη μεγιστοποίηση των γενικότερων εταιρικών στόχων, μετουσιώνοντας την κοινωνική πολιτική του χορηγού σε ουσιαστική βοήθεια και συμβολή στη κοινωνική ανάπτυξη.

Μια δυναμική επιχείρηση, με σύγχρονη αντίληψη και οργάνωση πρέπει μέσω του χορηγικού προγράμματος, που θα αναπτύξει, να συμμετέχει ενεργά στα κοινά της ελληνικής κοινωνίας. Κύριος στόχος ενός τέτοιου προγράμματος είναι η προβολή χαρακτηριστικών όπως η κοινωνική ευαισθησία και το ανθρώπινο ενδιαφέρον. Απώτερο στόχο πρέπει να αποτελεί η σύνδεση του ονόματος της επιχείρησης με την ελληνική κοινωνία σε τοπικό και εθνικό επίπεδο. Για παράδειγμα, κλασσική ενέργεια με σημαντικό κοινωνικό αντίκτυπο είναι αυτή του "τηλεμαραθώνιου" που η επιχείρηση μπορεί να διαθέσει κάποιο ποσό συμμετέχοντας στην οικονομική ενίσχυση φορέων με κοινωνική προσφορά.

Η συμμετοχή σε **εκθέσεις** τουρισμού όπου η επιχείρηση παρουσιάζει στο κοινό τις νέες υπηρεσίες που προσφέρει. Παγκοσμίως οι διεθνείς εκθέσεις Τουρισμού προσελκύουν εκατομμύρια επισκεπτών και αποτελούν μοναδικές ευκαιρίες παρουσίασης νέων υπηρεσιών, δημιουργίας επαφών με νέες αγορές, tour operators, κ.α. Στην Ευρώπη, οι εκθέσεις του Βερολίνου, του Λονδίνου και της Μόσχας θεωρούνται σημαντικές καθ' ότι προαναγγέλλουν και την τουριστική κίνηση των Ευρωπαίων τουριστών προς διάφορους τουριστικούς προορισμούς.

Σημαντικές εκθέσεις σε Ελλάδα και Ευρώπη

ITB Berlin *Βερολίνο, Γερμανία*
MITT *Μόσχα, Ρωσία*
HUNGEXPO *Βουδαπέστη, Ουγγαρία*
World Travel Market *Λονδίνο, Αγγλία*
ARATUR *Σαραγόσα, Ισπανία*
HOSTELCO EXPO *Βαρκελώνη, Ισπανία*
GLOBE *Ρώμη, Ιταλία*
UITT *Κίεβο, Ουκρανία*
MAHANA LILLE *Λίλ, Γαλλία*
World Expo *Σαγκάη, Κίνα*
VOYAGER *Kielce, Πολωνία*
XENIA *Αθήνα, Ελλάδα*
Philoxenia *Θεσσαλονίκη, Ελλάδα*
ΤΟΥΡΙΣΤΙΚΟ ΠΑΝΟΡΑΜΑ *Αθήνα, Ελλάδα*
Mediterranean Travel Fair *Καϊρο, Αίγυπτος*
IMTM *Τελ Αβίβ, Ισραήλ*
IITM *Ινδία*
BTEXpo *Βρυξέλες, Βέλγιο*
TOUR SALON *Πόζναν, Πολωνία*
TT Warsaw *Βαρσοβία, Πολωνία*
AITF *Μπακού, Αζερμπαϊζάν*
KITF *Αλμάτα, Καζακστάν*
EMITT *Κωνσταντινούπολη, Τουρκία*
HT&T *Τεχεράνη, Ιράν*
VITM *Βιετνάμ*
AATF *Μαλαισία*
CITE *Κίνα*

Οι **φιλοξενίες** ατόμων που θεωρούνται "καθοδηγητές γνώμης" (opinion leaders) όπως οι δημοφιλείς καλλιτέχνες, αθλητές, συγγραφείς, δημοσιογράφοι, πολιτικοί ηγέτες, διπλωμάτες. Επίσης οι φιλοξενίες ομάδων και επιχειρήσεων όπως ταξιδιωτικοί οργανισμοί, tour operators, φοιτητές πανεπιστημίων και τουριστικών σχολών, κ.α.

Η οργάνωση **events/happenings** για να προσελκύσει το ενδιαφέρον ενός συγ-κεκριμένου κοινού και την προώθηση κάποιας υπηρεσίας Το τμήμα συχνά προωθεί **δραστηριότητες δημοσιότητας** με την οργάνωση ειδικών εκδηλώσεων όπως συνεντεύξεις τύπου, τελετές εγκαινίων, επιβραβεύσεις, περιηγή-σεις, και άλλες δραστηριότητες που μπορούν να προκαλέσουν την προσοχή του κοινού.

Η βασική δομή ενός δελτίου τύπου περιλαμβάνει:

ΔΕΛΤΙΟ ΤΥΠΟΥ

@Λογότυπο εταιρείας

Στοιχεία εταιρείας

Ημερομηνία

ΔΕΛΤΙΟ ΤΥΠΟΥ

ΘΕΜΑ: ".."

1η παράγραφος (1ο μέρος σε μία σύντομη σχετικά παράγραφο των 2-3
προτάσεων) Το γεγονός, ο χρόνος που γίνεται, ο τόπος που γίνεται,
από ποιόν γίνεται και γιατί γίνεται.

2η παράγραφος (2ο μέρος)

Η σημασία και η σημαντικότητα της ενέργειας. Ιδιαιτερότητα. Γιατί
είναι είδηση.

3η παράγραφος (3ο μέρος)

Λεπτομέρειες για την ενέργεια, ονόματα, ομιλητές, ώρες διεξαγωγής,
μεγέθη, χρώματα, σχήματα, χρονοδιαγράμματα, κλπ.

Με τη παράκληση της δημοσίευσης ή της αναγγελίας

Στοιχεία του συντάκτη

Υπογραφή

Τα **newsletters**, εκδόσεις έντυπες ή ηλεκτρονικές που παρουσιάζουν τις ενδιαφέρουσες δραστηριότητες της επιχείρησης, εμπορικού και μη εμπορικού χαρακτήρα που αποστέλλονται σε όλες τις κατηγορίες κοινού. Ιδιαίτερα τα ιντερνετικά εταιρικά περιοδικά (e-newsletters) αποτελούν αναγκαιότητα και με την πάροδο του χρόνου αποκτούν τεράστια επικοινωνιακή σημασία.

Η **εμπορική αλληλογραφία** κάθε μορφής που αποτελεί την επίσημη γραπτή επικοινωνία με διάφορες κατηγορίες κοινού. Η αλληλογραφία αυτή φέρει το

Λογότυπο της επιχείρησης και υπογράφεται από τυπικούς επώνυμους αποστολείς.

Τα εταιρικά δώρα αποτελούν "εργαλεία" που επικοινωνούν την εκτίμηση της επιχείρησης σε σημαντικά άτομα και συμβολίζουν την ποιότητά της.

Τα δώρα αυτά σχεδιάζονται προσεκτικά, συνήθως αντανακλούν τη δημιουργικότητα και τη φαντασία της διοίκησης και φυσικά φέρουν την ταυτότητα της ξενοδοχειακής επιχείρησης.

Εταιρικά δώρα δίδονται σε άτομα που εκπροσωπούν σημαντικούς πελάτες και προσκεκλημένους, οργανισμούς, ειδικούς προσκεκλημένους, συχνούς πελάτες, επώνυμους πελάτες (VIP),

5

Ο **προγραμματισμός** των ενεργειών επικοινωνίας ξεκινά πάντοτε από την ανάλυση της παρούσης κατάστασης (situation analysis) και της αξιολόγησης (evaluation) των περασμένων ενεργειών. Η ανάλυση της κατάστασης προσδιορίζει τους βασικούς στόχους του επερχόμενου προγράμματος. Ακολουθεί η υλοποίηση και στη συνέχεια η αξιολόγηση κάθε ενέργειας ξεχωριστά αλλά και του προγράμματος συνολικά. Κατ' ουσία δημιουργείται ένας κύκλος από 4 φάσεις που συνεχώς περιλαμβάνει τη φάση της ανάλυσης της κατάστασης, τη φάση του προγραμματισμού, τη φάση της υλοποίησης και την πολύ σημαντική φάση της αξιολόγησης. Κατά τη φάση του προγραμματισμού, κάθε πρόγραμμα δημοσίων σχέσεων της τουριστικής επιχείρησης περιλαμβάνει:

· Το στόχο του προγράμματος και τους πιθανούς υποστόχους
· Την κατηγορία (ή κατηγορίες) κοινού που απευθύνεται
· Τις ενέργειες/μέσα/τεχνικές που πρόκειται να υλοποιηθούν για να "περάσουν" το μήνυμα και να πετύχουν το στόχο
· Το κόστος των σχεδιασμένων ενεργειών
· Το χρονοδιάγραμμα υλοποίησης του προγράμματος
· Τους υπευθύνους που θα διαχειριστούν τις επιμέρους ενέργειες
· Τον τρόπο αξιολόγησης / μέτρησης των αποτελεσμάτων

Γενικά, η διαμόρφωση της εικόνας της ξενοδοχειακής επιχείρησης, η δημοσιότητα στα ΜΜΕ, η διοργάνωση εκδηλώσεων και η προβολή του κοινωνικού της προσώπου αποτελούν τα βασικά και απαραίτητα μέσα για τη δημιουργία της εταιρικής της εικόνας και τον σχεδιασμό ενός ολοκληρωμένου προγράμματος Επικοινωνίας και Δημοσίων Σχέσεων.

6

Η δομή της οργάνωσης των δημοσίων σχέσεων στο τουρισμό **Τμήμα / Διεύθυνση Δημοσίων Σχέσεων ή Επικοινωνίας**: Διεύθυνση διαφοροποιημένη από το Μάρκετινγκ και τις πωλήσεις, επιφορτισμένη με τις επικοινωνίες της επιχείρησης. Στις μεγάλες ξενοδοχειακές αλυσίδες λειτουργεί τμήμα δημοσίων σχέσεων με επιτελικές σχέσεις προς τις ξενοδοχειακές μονάδες. Το τμήμα αυτό συχνά διαμορφώνει προγράμματα που περιγράφουν και επιλύουν συγκεκριμένα προβλήματα σε σχέση με την εικόνα της επιχείρησης και των υπηρεσιών της. Τα προγράμματα αυτά ακολουθούν συγκεκριμένη μεθοδολογία (βλέπε #15). Το τμήμα δημοσίων σχέσεων είναι υπεύθυνο για τις σχέσεις του ξενοδοχείου με το κοινό. Στην έννοια κοινό συμπεριλαμβάνονται οι πελάτες, οι tour operators, τα τουριστικά γραφεία, οι προμηθευτές, οι επενδυτές, οι μέτοχοι, οι εργαζόμενοι, οι ανταγωνιστές και άλλοι παράγοντες του κλάδου.

Υπεύθυνος/η δημοσίων σχέσεων σε μόνιμη βάση που λειτουργεί ως ανώτερο στέλεχος του μάνατζμεντ και λειτουργεί συμβουλευτικά. Σε σύνθετα projects ο εσωτερικός Υπεύθυνος Επικοινωνίας συνήθως συνεργάζεται με εξωτερικό σύμβουλο.

Σύμβουλος (εξωτερικός) δημοσίων ή **εταιρεία δημοσίων σχέσεων.** Η εταιρεία αγοράζει υπηρεσίες που παρέχουν οι σύμβουλοι ad hoc όταν και όποτε τους ζητηθεί από την επιχείρηση. Συνήθως με αυτή τη μορφή λειτουργούν τουριστικές επιχειρήσεις που δεν επενδύουν συχνά σε καμπάνιες επικοινωνίας ή δεν έχουν την οικονομική ευχέρεια ή γιατί θεωρούν ότι οι επαγγελματίες των δημοσίων σχέσεων θα είναι αποτελεσματικότεροι αν τους ανατεθούν οι ενέργειες των δημοσίων σχέσεων.

Γενικά, όταν οι Δημόσιες Σχέσεις συμμετέχουν συμβουλευτικά στις διοικητικές λειτουργίες και τη λήψη αποφάσεων μπορούν να προσφέρουν αποτελεσματικά ανεξάρτητα από τη μορφή της δομής και της οργάνωσής τους.

7

Τα μέσα μαζικής επικοινωνίας που χρησιμοποιεί η επιχείρηση για να επικοινωνήσει με το κοινό είναι τα ίδια που χρησιμοποιούν και άλλες κατηγορίες εταιρικής επικοινωνίας όπως η διαφήμιση και η προώθηση των πωλήσεων :
Τηλεόραση. Συνδυάζει εικόνα, κίνηση και ήχο, παρέχοντας έτσι τη δυνατότητα να δει το ακροατήριο τις εγκαταστάσεις, την ατμόσφαιρα κ.α. Όμως η δημιουργία

διαφημιστικού μηνύματος και η αγορά τηλεοπτικού χρόνου είναι εξαιρετικά ακριβή, καθιστώντας την απαγορευτική για την πλειοψηφία των επισιτιστικών μονάδων (εξαιρούνται ίσως οι αλυσίδες εστιατορίων και γρήγορου φαγητού). Βέβαια, μια ανεξάρτητη επισιτιστική μονάδα θα μπορούσε να διαφημιστεί σε τοπικό κανάλι. Στην περίπτωση αυτή θα πρέπει να δει αν η αγορά στην οποία απευθύνεται παρακολουθεί ο συγκεκριμένο μέσο, αλλά και τις ώρες που το παρακολουθεί.

Εφημερίδες. Η διαφήμιση στην εφημερίδα είναι συνήθως φθηνότερη και πιο εύκολη στη δημιουργία από αυτή στην τηλεόραση. Το διαφημιστικό μήνυμα θα πρέπει να μπει στην κατάλληλη σελίδα προκειμένου να τραβήξει την προσοχή (κατά προτίμηση δεξιά σελίδα και σχετική με θέματα γαστρονομίας και ψυχαγωγίας.). Όπως στην προηγούμενη περίπτωση, έτσι και εδώ είναι πιο οικονομικό να γίνει η καταχώριση σε τοπική εφημερίδα. Το κόστος εξαρτάται από το μέγεθος της καταχώρησης (π.χ. ολοσέλιδη, μισή σελίδα) τη θέση (π.χ. διαφημίσεις στη δεξιά σελίδα ή στο εξώφυλλο είναι πιο ακριβές), τη χρησιμοποίηση χρωμάτων και τέλος την κυκλοφορία της εφημερίδας.

Περιοδικά και Τουριστικοί Οδηγοί. Διαθέτουν καλύτερη ποιότητα γραφικών από τις εφημερίδες και μεγαλύτερη διάρκεια ζωής, αφού συνήθως διαβάζονται περισσότερες από μία φορές. Επίσης, μπορούν να μεταβιβαστούν σε τρίτους. Σήμερα, υπάρχει πληθώρα περιοδικών για όλες τις ηλικίες και όλα τα γούστα και ενδιαφέροντα. Πολλά εστιατόρια, για παράδειγμα, διαφημίζονται στο εβδομαδιαίο περιοδικό "Αθηνόραμα", το οποίο έχει μεγάλο αγοραστικό κοινό που το συμβουλεύεται πριν αποφασίσει για το που θα πάει για φαγητό. Αντίθετα με τις εφημερίδες, οι διαφημίσεις στα περιοδικά αργούν να καταχωρηθούν, έχουν μεγαλύτερο κόστος (κυρίως οι έγχρωμες) και συνήθως, υπάρχει πρόβλημα χώρου (συχνά δεν μπαίνουν σε καλό σημείο). Στην ίδια κατηγορία ανήκουν και οι καταχωρήσεις σε τουριστικούς οδηγούς ή στον "Χρυσό Οδηγό", όπου αναφέρεται το όνομα και η διεύθυνση του εστιατορίου (αν μπουν περισσότερες πληροφορίες, λογότυπο ή εικόνα τότε το κόστος θα ανέβει). Η έντυπη ή ηλεκτρονική πληροφόρηση πέρα από τη χρησιμότητα της παροχής πληροφοριών- δημιουργεί θετική εικόνα έμπρακτης εξυπηρέτησης αυξάνοντας το ποσοστό ικανοποίησης του πελάτη.

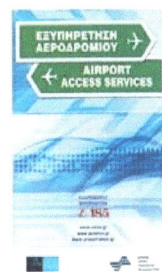

Ενημερωτικό έντυπο του αεροδρομίου Ελ. Βενιζέλος των Αθηνών

Παράδειγμα αποτελούν οι χάρτες που σχεδιάζονται για τη παροχή πληροφοριών καθοδήγησης, αλλά και παράλληλα χώρους προβολής της ταυτότητας του ξενοδοχείου.

Ραδιόφωνο. Το ραδιόφωνο έχει σχετικά χαμηλό κόστος και μπορεί να προσεγγίσει μία μεγάλη αγορά (στο σπίτι, στο χώρο εργασίας, στο αυτοκίνητο κ.λπ.). Πρέπει να επιλεγεί ο σταθμός εκείνος που το ακροατήριό του ταιριάζει στην αγορά στην οποία απευθύνεται το εστιατόριο, αλλά και τα προγράμματα ανάμεσα στα οποία θα εμφανισθούν τα διαφημιστικά μηνύματα. Μειονεκτήματα του ραδιοφώνου είναι ότι είναι ακουστικό μέσο με σύντομη διάρκεια ζωής (λίγα μόλις δευτερόλεπτα). Επίσης, χαρακτηρίζεται-όπως και πολλά από τα μέσα που αναφέρθηκαν- από πληθώρα μηνυμάτων και έλλειψη προσοχής (πολύ συχνά ο δέκτης κάνει ταυτόχρονα κάτι άλλο και το μήνυμα περνάει απαρατήρητο).

Διαδίκτυο. Τα τελευταία χρόνια στη χώρα μας οι χρήστες του Internet αυξάνονται, αν και εξακολουθούμε να έχουμε το μικρότερο ποσοστό στην Ευρωπαϊκή Ένωση. Πολλά εστιατόρια έχουν τη δική τους σελίδα Internet όπου παρουσιάζουν το προσφερόμενο προϊόν τους και ενημερώνουν για τυχόν εκδηλώσεις, αλλαγές κλπ. Το διαδίκτυο μπορεί να δεχθεί μακροσκελή μηνύματα και να αξιολογηθεί, αφού μπορεί να μετρηθεί πόσοι επισκέφτηκαν τη συγκεκριμένη σελίδα. Οι διαδικτυακοί tour operators αποτελούν σήμερα ειδικό κοινό με τεράστιο ενδιαφέρον για το ξενοδοχείο και τις πωλήσεις του. Σύμφωνα με τα στοιχεία που δείχνουν οι διεθνείς έρευνες στον τομέα των διαδικτυακών πωλήσεων στον Τουρισμό, περίπου 150 εκατ. κρατήσεις στα ταξίδια γίνονται σήμερα μέσω διαδικτύου, ενω το 20% των κρατήσεων δωματίων πραγματοποιούνται μέσω των ιντερνετικών προμηθευτών τύπου Expedia.com, Travelocity, Orbitz, κ.α. (πηγή: eTrack, eMarketer, Alexa.com-2014). Παράλληλα, διαπιστώνεται ότι το 80% των πελατών λαμβάνει σοβαρά υπόψη τα σχόλια που αναφέρουν άλλοι πελάτες που έκαναν χρήση των υπηρεσιών στα ξενοδοχεία που διέμειναν.

Υπαίθρια προβολή. Στην υπαίθρια διαφήμιση ανήκουν οι πινακίδες, οι επιγραφές, οι αφίσες, τα φέιγ βολάν κ.α. Είναι σχετικά φθηνή, με μεγάλη διάρκεια ζωής και ικανοποιητική διείσδυση (κυρίως αν οι πινακίδες τοποθετηθούν σε "στρατηγικά σημεία"). Όμως το μήνυμα πρέπει να είναι σύντομο και απλό. Επίσης, οι υπαίθριες διαφημίσεις έχουν συχνά επικριθεί για την αισθητική τους αλλά και διότι προκαλούν τροχαία (βρίσκονται πολύ κοντά στο δρόμο και αποσπούν την προσοχή των οδηγών).

8

Είναι σημαντικό οι ασχολούμενοι με την εταιρική επικοινωνία να γνωρίζουν τις διαφορές των δημοσίων σχέσεων από τη διαφήμιση, την προώθηση των πωλήσεων και της δημοσιότητας αν και για τους εξωτερικούς παρατηρητές η σαφής διαφοροποίηση είναι αρκετές φορές δύσκολο να κατανοηθεί (π.χ. στις περιπτώσεις εταιρικής χορηγίας) εφόσον δεν είναι γνωστός ο στόχος των ενεργειών. Αρκετές φορές ενέργειες δημοσίων σχέσεων προτείνονται από τη διαφημιστική εταιρεία και χρησιμοποιούνται ως διαφημιστικές καμπάνιες. Συνοπτικά:

Διαφήμιση (advertising) είναι κάθε πληρωμένη μορφή παρουσίασης προϊόντων και υπηρεσιών από μία επιχείρηση. Η διαφήμιση χρησιμοποιεί την επανάληψη ώστε να πείσει τον υποψήφιο πελάτη να αγοράσει την υπηρεσία και τα "εργαλεία" της είναι κατά κύριο λόγο τα μαζικά ΜΜΕ και το διαδίκτυο. Η διαφήμιση κάνει γνωστή την υπηρεσία, προβάλει τα πλεονεκτήματά της, τις ωφέλειες για τον πελάτη, "πιέζει" συναισθηματικά και χρησιμοποιεί τη πειθώ για να πετύχει αποτελέσματα. Το κοινό της διαφήμισης είναι η πελατεία, και οι ενέργειές της αφορούν τον εμπορικό ρόλο της επιχείρησης. Φυσικά τα αποτελέσματα δεν είναι πάντοτε ορατά ή άμεσα, όμως σε σχέση με τις δημόσιες σχέσεις, τα αποτελέσματα μπορούν να είναι βραχυχρόνια και μετρήσιμα, γιαυτό και πολλές φορές προτιμάται ως ενέργεια επικοινωνίας από τις δημόσιες σχέσεις. Να γνωρίζουμε όμως ότι η ποσότητα και η ποιότητα της διαφήμισης, συμβάλλει στη διαμόρφωση της "εικόνας" και της φήμης της επιχείρησης. Η κατηγορία της διαφήμισης που ονομάζεται corporate advertising βρίσκεται κοντά στις δημόσιες σχέσεις αφού το διαφημιστικό μήνυμα δεν επικεντρώνεται στις υπηρεσίες και τα προϊόντα της αλλά στη ταυτότητά της. Για παράδειγμα τα διαφημιστικά μηνύματα που αναδεικνύουν την ιστορία της επιχείρησης, το νέο της λογότυπο, τα γενέθλιά της, κ.α., και δεν αναφέρονται στα προϊόντα της. Σε κάθε περίπτωση οι δημόσιες σχέσεις έχουν ως αντικείμενο την επικοινωνία μηνυμάτων προς συγκεκριμένες ομάδες κοινού. Τα μηνύματα πρέπει να διαμορφώνονται απλά, κατανοητά, πειστικά, σύντομα, να προχωρούν από τα ουσιώδη στα επουσιώδη και να είναι αξιόλογα ώστε να δημιουργούν ενδιαφέρον. Τα μηνύματα των δημοσίων σχέσεων συνιστάται να δημοσιεύονται σε συγκεκριμένα μέσα που εμπιστεύονται οι συγκεκριμένοι στόχοι, δηλαδή οι συγκεκριμένοι τύποι κοινού για τους οποίους σχεδιάζονται. Για παράδειγμα, οι τουρίστες εμπιστεύονται περισσότερο τα εξειδικευμένα περιοδικά και τους τουριστικούς οδηγούς που ασχολούνται αποκλειστικά με τον τουρισμό και τις διακοπές και λιγότερο τα γενικού περιεχομένου περιοδικά.

Η **προώθηση πωλήσεων (sales promotion)** προϊόντων και υπηρεσιών αφορά τη παροχή κινήτρων στους υπάρχοντες και μελλοντικούς πελάτες που αποσκοπεί στο να επιτύχει άμεσες πωλήσεις. Τα περισσότερα από αυτά τα κίνητρα αναφέρονται σε εκπτώσεις, προσφορές, εκπτωτικά κουπόνια, προνομιακή μεταχείριση και έχουν συνήθως περιορισμένη χρονική διάρκεια, κυρίως σε περιόδους όπου η κίνηση ή η πληρότητα είναι υποτονική. Στα μεγάλα ξενοδοχεία πόλης, η τιμή των δωματίων μπορεί να "πέσει" σε συγκεκριμένες ημερομηνίες, ημέρες, ή ώρες. Σε εποχιακά ξενοδοχεία διακοπών οι τιμές μπορούν επίσης να "πέσουν" σε συγκεκριμένες περιόδους χαμηλής πληρότητας, κρατήσεων που γίνονται νωρίς (early bookings), κρατήσεις οικογενειών με πολλά παιδιά, κ.α.. Βέβαια, δωρεάν παροχές και εκπτώσεις δίδονται συνήθως και στις επαναληπτικές αγορές/κρατήσεις ή αγορές πακέτων.

Κοινό σημείο της διαφήμισης με τις δημόσιες σχέσεις μπορεί να θεωρηθεί η δημοσιότητα (publicity). Η δημοσιότητα θεωρείται η "δωρεάν διαφήμιση" και προβολή της επιχείρησης από τρίτους που δεν ανήκουν στην επιχείρηση, π.χ.

δημοσιογράφοι, κριτικοί, κοινό, κ.α Θετική δημοσιότητα απολαμβάνουν οι τουριστικές επιχειρήσεις που βραβεύονται για σημαντικά τους επιτεύγματα (Γαλάζιες Σημαίες, πρωτοβουλίες προστασίας του περιβάλλοντος, διεθνείς πιστοποιήσεις ποιότητας, κλπ). Υπάρχει και η μορφή της "πληρωμένης δημοσιότητας" (paid publicity) όπου το μήνυμα εμφανίζεται μεν ως μη πληρωμένη δημοσιότητα, αλλά στη πράξη για τη δημοσίευση αυτή το μέσον (εφημερίδα, περιοδικό, κανάλι, κλπ) έχει πληρωθεί από την επιχείρηση. Η δεοντολογία της διαφήμισης υπαγορεύει στα μέσα, που πληρώνονται για αυτή τη μορφή, να την αναφέρουν ώστε ο αναγνώστης να γνωρίζει τι ακριβώς συμβαίνει.

9

Οι στόχοι γενικά των δημοσίων σχέσεων (βλέπε σχήμα) μπορούν να ενταχθούν σε επτά (7) βασικές κατηγορίες:

- Αλλαγή / βελτίωση "εικόνας"
- Αλλαγή "ταυτότητας"
- Ενημέρωση της κοινής γνώμης
- Αντιμετώπιση κρίσης
- Καταπολέμηση της απάθειας του κοινού
- Επηρεασμός της κοινής γνώμης υπέρ της επιχείρησης
- Υποστήριξη των υπολοίπων ενεργειών μάρκετινγκ και των πωλήσεων
- Προβολή διακρίσεων και επιτυχιών

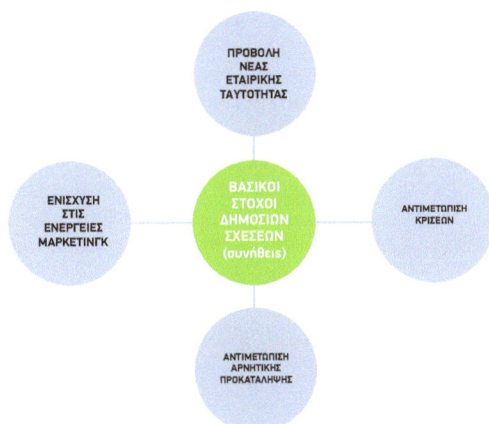

Το αυθεντικό menu Goody's μόνο με ελαιόλαδο!

Από τις 2 Μαρτίου 2009 η Goody's, η μεγαλύτερη ελληνική αλυσίδα σύγχρονων καθημερινών εστιατορίων, προχωρεί σε μια πανευρωπαϊκή καινοτομία που αλλάζει τα δεδομένα στο χώρο της εστίασης: γίνεται η 1η αλυσίδα εστιατορίων στην Ευρώπη που χρησιμοποιεί αποκλειστικά και μόνο ελαιόλαδο για το μαγείρεμα. Όλο το αγαπημένο, αυθεντικό menu Goody's παρασκευάζεται πλέον με ελαιόλαδο.

Αγαπημένες γεύσεις Goody's, όπως οι τηγανιτές πατάτες ή τα φιλετίνια κοτόπουλου, που σφραγίζονται από την επιλογή των πιο αγνών υλικών, με βάση τους κανόνες της μεσογειακής διατροφής αποκτούν πλέον τη διατροφική αξία και τη νοστιμιά του ελαιόλαδου.

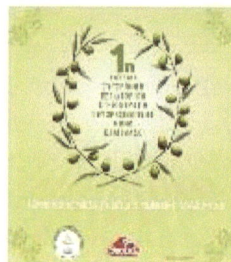

Η κίνηση αυτή της Goody's, που υποστηρίζεται από το Ελληνικό Ινστιτούτο Διατροφής, εντάσσεται σε ένα ευρύτερο πλαίσιο ενεργειών προς την κατεύθυνση της προαγωγής της ισορροπημένης διατροφής που ακολουθεί σταθερά τα τελευταία χρόνια και που αποτελεί μία από τις στρατηγικές της προτεραιότητες. Στόχος της Goody's είναι να προσφέρει στους καταναλωτές όλων των ηλικιών τη δυνατότητα να επιλέξουν αυτό που ταιριάζει στις διατροφικές τους ανάγκες και προτιμήσεις μέσα από μια ποικιλία προϊόντων με επιλογές για μια ισορροπημένη διατροφή. Στα πλαίσια αυτής της δέσμευσης η Goody's προχωράει σε αλλαγές με ουσιαστικό όφελος για τους πελάτες της, όπως ο συνεχής εμπλουτισμός της γκάμας των σαλατών, οι νέες γευστικές προτάσεις όπως το μπιφτέκι κοτόπουλο αλλά και η μείωση του προσφερόμενου αλατιού απαλείφοντάς το από τις τηγανιτές πατάτες, μια κίνηση που οδήγησε στη μείωση της κατανάλωσης του αλατιού τουλάχιστον κατά 40 τόνους ετησίως.

Συνεχίζοντας με συνέπεια την παράδοση της ποιότητας και της φροντίδας προς τον Έλληνα καταναλωτή, και με στόχο πάντα την προαγωγή της καλής διατροφής και μίας καλύτερης ποιότητας ζωής μέσα από τις αξίες της Μεσογειακής διατροφής, η διατροφική αξία και η νοστιμιά του ελαιόλαδου μπαίνουν σε όλο το μενού Goody's και το κάνουν ακόμα πιο γευστικό. Μπαίνουν στην παρέα μας.

Η Goody's έχει κερδίσει την εμπιστοσύνη των Ελλήνων καταναλωτών συνδυάζοντας τις αξίες της ελληνικής κουζίνας με τις αυστηρές προδιαγραφές ποιότητας και ασφάλειας ενός σύγχρονου εστιατορίου. Συγκεκριμένα, τα εστιατόρια Goody's εφαρμόζουν το πιο σύγχρονο σε παγκόσμιο επίπεδο Σύστημα Διαχείρισης Υγιεινής και Ασφάλειας Τροφίμων HACCP (ISO 22000). Παράλληλα, η Goody's μέσω της Ευρωπαϊκής Ένωσης Μοντέρνων Εστιατορίων, αποτελεί ιδρυτικό μέλος της Ευρωπαϊκής Πλατφόρμας Δράσης για τη Διατροφή, τη Σωματική Άσκηση και την Υγεία. Στόχος της Goody's είναι το μενού της να αποτελεί βάση για μια ισορροπημένη διατροφή, τόσο μέσα από τη μεγάλη ποικιλία των γευμάτων της όσο και από τις προσεχτικά επιλεγμένες πρώτες ύλες με βάση τις αξίες της Μεσογειακής Διατροφής. Για περισσότερες διατροφικές πληροφορίες, επισκεφτείτε το www.goodysnet.com.

Από την ιστοσελίδα της αλυσίδας των Goody's

10

Χορηγία είναι η κάλυψη της δαπάνης για τη διοργάνωση ενός γεγονότος κοινής ωφέλειας, όπως για παράδειγμα οι διάφορες τηλεοπτικές παραγωγές, η διεξαγωγή εκδηλώσεων που ενδιαφέρουν το ευρύ κοινό, κλπ. Η τουριστική επιχείρηση με τις χορηγίες προσπαθεί να διασφαλίσει τη θετική της "εικόνα" και να τονίσει τον κοινωνικό μη εμπορικό της ρόλο. Οι πλέον συνηθισμένες χορηγίες συναντώνται :

- Στο ν κλασσικό αθλητισμό
- Τον επαγγελματικό αθλητισμό & τα σπόρ
- Τις τέχνες γενικά
- Τη δημόσια υγεία & ασφάλεια
- Την επιστημονική έρευνα
- Τα δημόσια έργα υποδομής
- Την παιδεία και επιμόρφωση
- Τοπικά πολιτιστικά δρώμενα
- Τη ν προστασία του περιβάλλοντος
- Ανθρωπιστικές Καμπάνιες Οργανισμών Παγκόσμιου βεληνεκούς

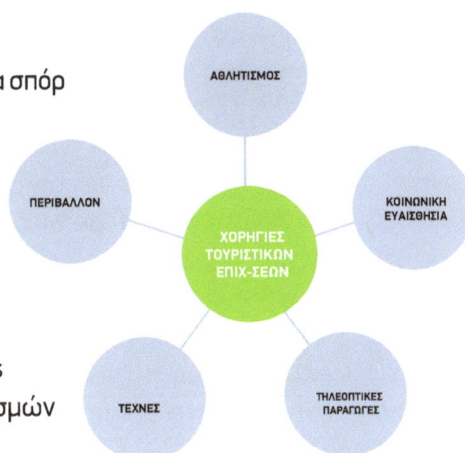

Κορυφαία διεθνή γεγονότα όπου επενδύονται τεράστια ποσά με τη μορφή χορηγίας (sponsorship) θεωρούνται: οι Ολυμπιακοί Αγώνες, το Παγκόσμιο Κύπελλο Ποδοσφαίρου της FIFA, η Φόρμουλα 1, κ.α. Διεθνείς μη κερδοσκοπικοί οργανισμοί με παγκόσμια κοινωνική προσφορά, όπως Οι Γιατροί Χωρίς Σύνορα, η WWF, η Διεθνής Αμνηστία, η UNICEF, η ACTION AID, η UNESCO, και άλλες είναι οι συνήθεις αποδέκτες χορηγιών. Στην Ελλάδα, το Μέγαρο Μουσικής, το Χαμόγελο του Παιδιού, οι Εθνικές ομάδες σε όλα σχεδόν τα σπόρ, ο Σύλλογος Γονιών Παιδιών με Νεοπλασματική Ασθένεια Φλόγα, η Εταιρία Προστασίας Σπαστικών, τα χωριά SOS, η HELMEPA, προτιμώνται περισσότερο για χορηγικές προσφορές και δωρεές.

11

Trip Advisor.com & Facebook.com

Ο ιστοχώρος αυτός έχει αναδειχθεί ένας παγκόσμιος "συλλέκτης και διαμορφωτής γνώμης" στο χώρο του τουρισμού. Εκατομμύρια αναγνώστες ενημερώνονται για όλους τους τουριστικούς προορισμούς του πλανήτη, τις ξενοδοχειακές μονάδες κλπ. Οι ξενοδοχειακές Μονάδες αξιολογούνται και οι πελάτες έχουν το δικαίωμα να "ανεβάσουν" στον παγκόσμιο ιστό τις εντυπώσεις τους, το δικό τους φωτογραφικό υλικό. Παρότι οι κρίσεις των πελατών είναι υποκειμενικές και αρκετές φορές υπερβολικές, οι κρίσεις αυτές υπάρχουν και διαβάζονται. Σήμερα που οι κρατήσεις για διακοπές μέσω διαδικτύου δείχνουν να αυξάνονται δραματικά, το συγκεκριμένο site αποκτά ιδιαίτερη σημασία από πλευράς επικοινωνίας και δημοσίων σχέσεων. Συνιστώ στους ασχολούμενους με τις ξενοδοχειακές δημόσιες σχέσεις να εξοικειωθούν πλήρως με το tripadvisor.com. Παράλληλα, το γνωστό μας Facebook επιτρέπει την ελεύθερη επικοινωνία των ανθρώπων σε όλο το πλανήτη με αποτέλεσμα οι γνώμες να ανταλλάσσονται άμεσα και οι άτυπες αξιολογήσεις παρότι υποκειμενικές να επηρεάζουν τη κοινή γνώμη και τις αποφάσεις των υποψηφίων πελατών-τουριστών. Γενικά, στα πλεονεκτήματα του Trip Advisor συγκαταλέγεται η δυνατότητα στο πελάτη να έχει στη διάθεσή του έγκαιρη, γρήγορη, πολύμορφη με διαφορετικές απόψεις και απλή online πληροφόρηση, ενώ στα αρνητικά του στοιχεία συγκαταλέγεται η υποκειμενικότητα των αξιολογήσεων, και μάλιστα σε αρκετές περιπτώσεις η έκφραση υπερβολών. Το σάϊτ αυτό διαθέτει στη βάση δεδομένων του περισσότερα από μισό εκατομμύριο ξενοδοχεία, 22.000 προορισμούς διακοπών, προφέρει έξυπνες προσφορές στους πελάτες, δωρεάν υπηρεσίες όπως το ενημερωτικό δελτίο, φωτογραφίες, trip emails, κ.α.

12

Οι δημόσιες σχέσεις προς το προσωπικό του ξενοδοχείου συμβάλλουν ενεργά στις εργασιακές σχέσεις και κατ' επέκταση στη παραγωγικότητα και το ποιοτικό σέρβις. Γνωρίζοντας ότι ο ανθρώπινος παράγοντας είναι πολύ σημαντικό, αν όχι το σημαντικότερο συστατικό της υπηρεσίας που προσφέρει η τουριστική επιχείρηση, αποτελεί μέρος του μείγματος μάρκετινγκ και η διαχείρισή του απαιτεί ιδιαίτερη προσοχή. Το εσωτερικό κοινό είναι σε θέση να γνωρίζει τα πάντα ή σχεδόν τα πάντα- για τον τρόπο σκέψης της εταιρείας, πείθεται δύσκολα και μόνο η ειλικρινής αντιμετώπισή του αποδίδει θετικά αποτελέσματα. Για την επικοινωνία με το προσωπικό η Διεύθυνση της τουριστικής επιχείρησης μπορεί να χρησιμοποιεί πίνακες ανακοινώσεων, ειδικές εκδόσεις, επιστολές, ηλεκτρονικό ταχυδρομείο, ανακοινώσεις, συναντήσεις, συστήματα προτάσεων και ιδεών, οργάνωση εκδρομών, οργάνωση εκδηλώσεων, γιορτές, βραβεύσεις, κλπ.

13

Guest Relations: Αφορά τη Διεύθυνση του ξενοδοχείου που είναι επιφορτισμένη με τη διαχείριση και την εξυπηρέτηση των νέων και επαναλαμβανόμενων πελατών. Το τμήμα αυτό εφαρμόζει στη πράξη τις αρχές στην Εξυπηρέτηση του Πελάτη με το να παρέχει πληροφορίες κατά τη διάρκεια της διαμονής του πελάτη, να περιλαμβάνει περιπτώσεις δυσαρέσκειας, να διευθετεί προβλήματα και παράπονα, να δίνει πληροφορίες, να βοηθά εμμέσως στη προώθηση των εσωτερικών πωλήσεων, να υποδέχεται τους πελάτες, να αντλεί πληροφορίες για την αντίληψη που έχουν οι πελάτες για τις υπηρεσίες που λαμβάνουν, να διοργανώνουν ενέργειες φιλοξενίας σημαντικών προσώπων ή ομάδων, να σχεδιάζει και να υλοποιεί inspection tours.

14

Ταυτότητα και "**εικόνα**": Η ταυτότητα (**identity**) αναφέρεται σε όλα αυτά τα στοιχεία που διαφοροποιούν τη μία τουριστική επιχείρηση από την άλλη. Το όνομα του ξενοδοχείου, το έτος ίδρυσής του, το μέγεθος και η κατηγορία του, ο τόπος όπου λειτουργεί, η ιδιοκτησία του, η ποσότητα των υπηρεσιών που παρέχει, τα χρώματά του, η σημαία του, το λογότυπό του, η εξωτερική του κτιριακή εμφάνιση, η ιστοσελίδα του, αποτελούν στοιχεία μοναδικά που διακρίνουν την ιδιαιτερότητά της.

Παράδειγμα: Το νέο λογότυπο - ΟΛΥΜΠΙΑΚΗ

"Νέο σήμα λογότυπο για την Ολυμπιακή. Σε ανοιχτό διαγωνισμό και με την διαδικασία της ψηφοφορίας προκρίθηκαν 3 προτάσεις για το νέο σήμα τις Olympic Air. Από αυτές ξεχώρισε με μεγάλη διαφορά μία. Αυτή των Γιάννη Παπαθανασίου και Πάνου Τριανταφυλλόπουλου. Στα πρότυπα του παλιού σήματος και με μικρές διαφορές δίνεται η πρέπουσα ανανέωση στο λογότυπο της νέας ολυμπιακής. Το σήμα σέβεται απόλυτα την ιστορία του εθνικού αερομεταφορέα και παράλληλα προσφέρει πνοή και ελπίδες στην συνολική προσπάθεια ανανέωσης που εξελίσσεται στην αεροπορική εταιρία που συνέδεσε την Ελλάδα με ολόκληρο τον κόσμο. Σε τόνους βαθύ μπλε και γραμματοσειρά πραγματικά αεροδυναμική. Το μαύρο γίνεται μπλε βαθύ και προστίθεται το πράσινο της Ελληνικής φύσης. Τα γράμματα παίρνουν όγκο και μια σύγχρονη μεταλλική επικάλυψη φωτίζει και δίνει δυναμική σε όλο το σύνολο.

Σε δήλωση τους στην σελίδα που εξελίχθητε ο διαγωνισμός οι δύο δημιουργοί είπαν: "Για την σχεδίαση του νέου σήματος της Ολυμπιακής επιλέξαμε τον δύσκολο δρόμο των επεμβάσεων στο υπάρχον σήμα, με σεβασμό στην ιστορία αλλά και την προοπτική της εταιρίας." μεταξύ άλλων "Το σήμα της νέας ολυμπιακής είναι για μας έργο ζωής"

Πηγή: Olympic Air

Λογότυπα διεθνώς γνωστών ξενοδοχειακών αλυσίδων

Η "εικόνα" του ξενοδοχείου (**image**) ορίζεται από την αντίληψη, τη γνώμη που έχει το κοινό για τη μονάδα αυτή, το επίπεδο των υπηρεσιών που προσφέρει, το ποιόν των ιδιοκτητών και της διεύθυνσης. Αφορά τη φήμη που έχει το ξενοδοχείο και το κατά πόσο είναι αποδεκτό ως μία οικονομικά υγιής, νόμιμη, ποιοτική, συνεπής επιχείρηση. Παρότι υποκειμενική από τη φύση της, η εταιρική "εικόνα" είναι μια πραγματικότητα, υπάρχει, ανεξάρτητα από το πώς την αντιλαμβάνεται η ίδια η επιχείρηση. Θετική ή αρνητική ή ουδέτερη, η "εικόνα" αντικατοπτρίζει τη θέση που έχει η επιχείρηση στην αντίληψη του κάθε κοινού. Αυτή την "εικόνα η επιχείρηση επιθυμεί να μετρά συνέχεια ώστε να λαμβάνει αποφάσεις και να σχεδιάζει προγράμματα επικοινωνίας που θα τη διατηρούν όσο το δυνατό θετικότερη. Βέβαια, την "εικόνα" της τουριστικής επιχείρησης επηρεάζει κατά μεγάλο ποσοστό και η "εικόνα" του τουριστικού προορισμού που δραστηριοποιείται. Δεν πρέπει να ξεχνάμε ότι παρότι **χρειάζονται** αρκετά χρόνια για να κτιστεί η φήμη της ξενοδοχειακής **μας** επιχείρησης, χρειάζεται πολύ λίγος χρόνος για να καταστραφεί ! Το γεγονός αυτό υποδηλώνει το πόσο εύθραυστη είναι η "εικόνα" και η φήμη της επιχείρησης στο συγκεκριμένο κλάδο.

15

Η κατάσταση στην οποία βρίσκεται κάθε φορά η εικόνα της επιχείρησης καταγράφεται από την έρευνα μάρκετινγκ, χρησιμοποιώντας τα ίδια "εργαλεία" έρευνας του μάρκετινγκ, όπως: τα ερωτηματολόγια όλων των μορφών, η παρατήρηση, τα focus groups, οι συνεντεύξεις, το διαδίκτυο. Τα quality assurance programs που είναι διαθέσιμα από συμβουλευτικές εταιρείες στο χώρο του τουρισμού παρέχουν πολύ σημαντικές υπηρεσίες αξιολόγησης των προσφερόμενων υπηρεσιών και μετρούν τη γνώμη των πελατών για τη ποιότητα των υπηρεσιών που λαμβάνουν. Παράλληλα, οι περισσότερες ξενοδοχειακές αλυσίδες υιοθετούν προγράμματα και υπηρεσίες mystery shopping για να ελέγχουν την πιστή εφαρμογή των operations manuals και την ομοιόμορφη ποιότητα των υπηρεσιών που παρέχουν στις επιμέρους μονάδες ανά τον κόσμο (standardized quality).

16

Ο σχεδιασμός και προγραμματισμός ενεργειών δημοσίων σχέσεων είναι λειτουργίες που απαιτούν γνώσεις και πληροφορίες ώστε να γίνουν οι σωστές επιλογές. Ένα πρόγραμμα δημοσίων σχέσεων ξεκινά πάντοτε από τη διερεύνηση της υπάρχουσας κατάστασης και εντοπισμού των "προβλημάτων". Η διάγνωση είναι σημαντικότατο στοιχείο πριν καταγραφούν και αναλυθούν οι στόχοι του προγράμματος. Από τους στόχους αναδεικνύονται οι τύποι κοινού που πρόκειται να γίνουν οι αποδέκτες των ενεργειών και στη συνέχεια αποφασίζονται οι επιμέρους ενέργειες που θα εξυπηρετούν τους στόχους. Οι κατηγορίες και η φύση των ενεργειών καθορίζουν και τα μέσα που πρόκειται να χρησιμοποιηθούν (βλέπε #3) . Οι ενέργειες κοστολογούνται, προσαρμόζονται στο διαθέσιμο προϋπολογισμό και τελικά συνθέτουν το πρόγραμμα δημοσίων σχέσεων για μία συγκεκριμένη χρονική περίοδο (ένα, έτος, δύο έτη, πέντε έτη, κ.ο.κ.). Για κάθε ενέργεια ορίζεται ο υπεύθυνος που θα την συντονίσει και παράλληλα, ορίζεται ο τρόπος που θα χρησιμοποιηθεί για να ελέγξει τα αποτελέσματα (συνήθως συνιστώνται ποσοτικοί δείκτες μέτρησης όπως για παράδειγμα ο τζίρος, τα κέρδη, ο αριθμός των παραπόνων, η έρευνα μάρκετινγκ, κ.α.). Η ανάλυση των αποτελεσμάτων του προγράμματος αποτελεί την αφετηρία του επόμενου.

17

Συχνά οι δημόσιες σχέσεις, χωρίς βέβαια να ταυτίζονται, περιλαμβάνουν ενέργειες έκφρασης και επικοινωνίας της **κοινωνικής ευαισθησίας και ευθύνης** της επιχείρησης. Η κοινωνική ευαισθησία εκφράζεται σε καμπάνιες εταιρικής κοινωνικής ευαισθησίας (Ε.Κ.Ε.) που συνήθως αφορούν χορηγίες και δωρεές σε θέματα που σχετίζονται με την προστασία του περιβάλλοντος και του πλανήτη, την οικονομική ενίσχυση αδύναμων κοινωνικών ομάδων της κοινωνίας, ανάδειξη σοβαρών κοινωνικών προβλημάτων (π.χ. ρατσισμός, ανθρώπινα δικαιώματα, πόλεμος, καταστροφή του περιβάλλοντος, καρκίνος, κλπ) και αξιών (ελευθερία, ειρήνη, φιλοξενία, ισότητα, ποιότητα, ασφάλεια, κ.α).

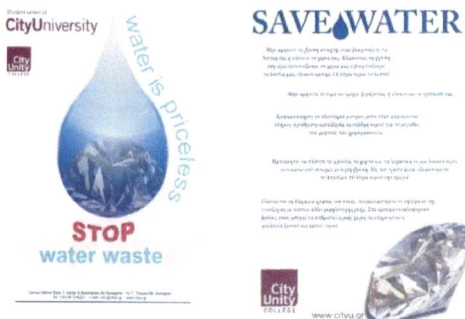

Από την καμπάνια κοινωνικής ευαισθησίας του City Unity College

Οι ενέργειες των επιχειρήσεων στο τουρισμό που αφορούν την μείωση ή τον έλεγχο των αποβλήτων στη θάλασσα, τον έλεγχο των ρύπων των καυστήρων, την ανακύκλωση, την επένδυση σε "πράσινη" τεχνολογία που ελαχιστοποιεί τη μόλυνση του ατμοσφαιρικού αέρα, των δασών, των ακτών, την επένδυση σε διαδικασίες διασφάλισης της ποιότητας και άλλων αποτελούν ενέργειες κοινωνικής ευθύνης των τουριστικών επιχειρήσεων παγκοσμίως.

ΑΦΗΣ (Ανακύκλωση μπαταριών)
Η συμμετοχή σε τέτοιου είδους καμπάνιες και πρωτοβουλίες στοχεύει στο να "αγγίξει" τα συναισθήματα της ευρύτερης κοινωνίας και όχι κάποιου συγκεκριμένου κοινού. Στα sites των γνωστών ξενοδοχειακών αλυσίδων εμφανίζονται οι θέσεις και οι οικολογικές ευαισθησίες των.

Αξίζει η μελέτη των sites της αλυσίδας GRECOTEL που φημίζεται για την οικολογική της ευαισθησία (www.grecotel.com)

Παραδείγματα επικοινωνίας της Κοινωνικής Ευθύνης στον ευρύτερο χώρο του τουρισμού

Παράδειγμα 1
Τα Classical Hotels αναπτύσσουν την κοινωνική ευθύνη μέσα από ένα σύστημα αξιών, στόχων και δράσεων που διέπουν συνολικά την λειτουργία τους.
Τέχνη, Παράδοση, Όραμα, Φιλοξενία, Ελληνικότητα, Ποιότητα, Διακριτικότητα, Αρμονία, Ομορφιά, Απόλαυση, Έμπνευση, Πάθος, Ελευθερία και Αγάπη για τη ζωή είναι μερικές από τις αξίες που τα Classical Hotels μοιράζονται με επισκέπτες και φίλους.
Τα Classical Hotels, έχοντας τον άνθρωπο και τον σεβασμό των ανθρώπινων αξιών σαν βασική προτεραιότητα, δρουν για την προστασία του

περιβάλλοντος, την ευαισθητοποίηση του κοινού για σημαντικά προβλήματα που μαστίζουν τον πλανήτη μας, ενώ παράλληλα μεριμνούν για το ανθρώπινο δυναμικό και το εργασιακό περιβάλλον.

act:onaid   Action Aid

Μουσείο Σύγχρονης Τέχνης Χορηγός της έκθεσης "Σε Ενεστώτα Χρόνο, Νέοι Έλληνες Καλλιτέχνες 13/12/07 - 30/03/08".

Ελληνικό Φεστιβάλ
Χορηγός στην Κρατική Ορχήστρα Θεσσαλονίκης, Fazil Say στο Ωδείο Ηρώδου του Αττικού, 30 Ιουνίου 2008.

Future Forests... Τα Classical Hotels με ευαισθησία και περιβαλλοντική συνείδηση, συμμετέχουν ενεργά στο έργο της ανάπλασης των ελληνικών δασών και φυτεύουν εκ μέρους σας ένα δέντρο για κάθε κράτηση που πραγματοποιείτε μέσω του: www.classicalhotels.com

(Από το επίσημο site των Classical Hotels στο διαδίκτυο: www.classicalhotels.com)

Παράδειγμα 2

• AEGEAN
• ΕΝΩΣΗ ΞΕΝΟΔΟΧΩΝ ΑΘΗΝΑΣ
• ΞΕΝΟΔΟΧΕΙΟ " ΣΤΡΑΤΟΣ ΒΑΣΙΛΙΚΟΣ"
• ΧΩΡΙΑ SOS

Η Aegean χορηγός του Συνηγόρου του Παιδιού
Οι έφηβοι προτείνουν δράσεις κατά των διακρίσεων

Στις 3 και 4 Ιουλίου 2009 διεξήχθη στην Αθήνα η τρίτη συνάντηση του **Συνηγόρου του Παιδιού** με την Ομάδα Εφήβων Συμβούλων που λειτουργεί από τον Γενάρη του 2009 με στόχο να μεταφέρει στον Συνήγορο τις απόψεις των παιδιών για θέματα σχετικά με την εφαρμογή και παραβίαση των δικαιωμάτων τους.

Η συνάντηση ήταν αφιερωμένη σε ζητήματα που σχετίζονται με τις διακρίσεις, στην αξιολόγηση του έργου της Ομάδας μέχρι σήμερα και στον σχεδιασμό νέων δράσεων.

Το απόγευμα της Παρασκευής 3 Ιουλίου σε ανοικτή συζήτηση στην οποία συμμετείχαν και μέλη της Κοινότητας Εφήβων Συμβούλων του Συνηγόρου του

Παιδιού, συζητήθηκαν οι ιδέες και προτάσεις των εφήβων για την **πρόληψη και καταπολέμηση των διακρίσεων στο σχολικό περιβάλλον**. Τα παιδιά αναφέρθηκαν στο πόσο επώδυνη μπορεί να είναι η εμπειρία του να γίνεται κάποιος θύμα διακρίσεων, προσβολών της αξιοπρέπειας και στερεοτυπικής αντιμετώπισης από εκπαιδευτικούς ή συμμαθητές τους για διάφορους λόγους, όπως η καταγωγή, το φύλο, η σχολική απόδοση (καλοί κακοί μαθητές), η εξωτερική εικόνα, η εμφάνιση, η θρησκεία, η οικογενειακή κατάσταση, η υγεία, η αναπηρία, ο σεξουαλικός προσανατολισμός, κ.α. Ζήτησαν από τον Συνήγορο του Παιδιού να συμβάλει στην καλύτερη επιμόρφωση και ευαισθητοποίηση των εκπαιδευτικών τους στα θέματα αυτά, στην ενίσχυση της προστασίας των μαθητών από πιθανές παραβιάσεις δικαιωμάτων τους, αλλά και στην ενίσχυση των ευκαιριών που θα διευκολύνουν τους μαθητές να κατανοούν και να συζητούν τα δικαιώματα και τις ευθύνες τους. Η ενίσχυση του ρόλου των μαθητικών συμβουλίων και η καθιέρωση τακτικής ώρας επικοινωνίας σε κάθε τάξη για θέματα σχετικά με την κοινωνική ζωή είναι δύο από τα μέτρα που προτείνουν οι μαθητές για τον σκοπό αυτό.

Το Σάββατο 4 Ιουλίου σημαντικό μέρος της συνάντησης εστιάστηκε στα **"Δικαιώματα των παιδιών μεταναστών"**. Τα μέλη της Ομάδας, αφού ενημερώθηκαν για τη νομοθεσία και τις πρόσφατες αλλαγές της, εξέφρασαν την επιθυμία να συμβάλουν στις προσπάθειες του Συνηγόρου του Πολίτη και του Παιδιού για την προστασία των δικαιωμάτων όλων των παιδιών μεταναστών. Ιδιαίτερα μάλιστα τους απασχόλησε το ζήτημα της ισότιμης κοινωνικής συμμετοχής και προοπτικής των αλλοδαπών παιδιών που έχουν γεννηθεί στην Ελλάδα ή έχουν μείνει εδώ για μεγάλο χρονικό διάστημα.

Ειδική αναφορά έγινε επίσης στα **παιδιά με αναπηρίες** και στα παιδιά που ζουν σε ιδρύματα, όπως και στα ειδικά μέτρα στήριξής τους ώστε να απολαμβάνουν τη συμμετοχή τους στην κοινωνική ζωή χωρίς περιορισμούς και διακρίσεις. Η εφαρμογή των διεθνώς θεσπισμένων δικαιωμάτων τους και η ευαισθητοποίηση όλων των μελών της κοινωνίας γι' αυτά εκφράστηκε ως αίτημα και των ίδιων των εφήβων. Τέλος, η Ομάδα Εφήβων Συμβούλων συζήτησε και προγραμμάτισε νέες δράσεις της για την συνέχιση της αποστολής της στον χρόνο που ακολουθεί.

Ο Συνήγορος του Πολίτη εκφράζει τις ευχαριστίες του προς την εταιρεία Aegean για την δωρεάν διάθεση αεροπορικών εισιτηρίων μετακίνησης μελών της Ομάδας Εφήβων Συμβούλων και των συνοδών τους και προς την Ένωση Ξενοδόχων Αθήνας που παρέχει την δωρεάν φιλοξενία τους σε ξενοδοχεία της πόλης, και ιδιαίτερα προς το ξενοδοχείο "Στράτος Βασιλικός" που φιλοξένησε τα

παιδιά στην συνάντηση αυτή. Επίσης, προς τα χωριά SOS για τη διάθεση λεωφορείων για την μετακίνηση των εφήβων προκειμένου να παρακολουθήσουν συναυλίες στο φεστιβάλ "Schoolwave".
(Από το επίσημο Newsletter της Aegean στο διαδίκτυο)

Παράδειγμα 3

MONT PARNES

"Εδώ και πέντε δεκαετίες, το συγκρότημα του Mont Parnes συνυπάρχει αρμονικά με τον Εθνικό Δρυμό της Πάρνηθας. Οι εξαιρετικού κάλλους δασώδεις εκτάσεις αποτελούσαν παραδοσιακά τον κύριο πόλο έλξης των επισκεπτών του συγκροτήματος. Σε αναγνώριση της πολύτιμης φιλοξενίας και με υψηλό αίσθημα ευθύνης απέναντι στην ευαίσθητη ισορροπία του οικοσυστήματος, το Mont Parnes συμβάλλει συστηματικά στη φροντίδα και προστασία του Δρυμού, είτε πραγματοποιώντας ετήσιες εισφορές, είτε θέτοντας τις υποδομές του, όπως το υπερσύγχρονο τελεφερίκ, στη διάθεση κάθε επισκέπτη, χωρίς καμία οικονομική επιβάρυνση. Η ανυπολόγιστη οικολογική καταστροφή που προκάλεσε η πυρκαγιά της 28ης Ιουνίου 2007 έχει σοβαρότατες συνέπειες στην ποιότητα ζωής όλων μας και συνάμα αποτελεί μέγιστο ηθικό, αλλά και επιχειρηματικό πλήγμα για το συγκρότημα του Mont Parnes. Τα πανέμορφα φυσικά τοπία και οι κατάφυτες πλαγιές αντικαταστάθηκαν με εικόνες θλίψης. Οι άνθρωποι του Μοντ Παρνές, με υψηλό αίσθημα ευθύνης, είναι αποφασισμένοι να συμβάλουν με όλες τους τις δυνάμεις ώστε η Πάρνηθα να ξαναγίνει πράσινη. Στο πλαίσιο αυτό, η εταιρία, στις 31 Οκτωβρίου 2007 λανσάρισε την τηλεοπτική καμπάνια την οποία υποστηρίζουν μία σειρά ενεργειών όπως:
Η οικονομική συμβολή στο έργο της αναδάσωσης της περιοχής
Η προσφορά πυροσβεστικών οχημάτων για την φύλαξη της Πάρνηθας
Η υποστήριξη οργανώσεων που θα εκπαιδεύσει εθελοντές για την προστασία του Δρυμού
Η ίδρυση Κέντρου Ενημέρωσης της Πάρνηθας στον χώρο του Κάτω σταθμού τελεφερίκ
Η εταιρία δηλώνει παρών και δεσμεύεται να συνεργαστεί με αρμόδιους φορείς που διαθέτουν επάρκεια τεχνογνωσίας και δικαίωμα παρέμβασης και δραστηριοποίησης στην Πάρνηθα, προκειμένου να γίνει και πάλι η Πάρνηθα το βουνό που μας αξίζει"
(Από το site του MONT PARNES)

Παράδειγμα 4

ΞΕΝΟΔΟΧΕΙΟ ΜΕΓΑΛΗ ΒΡΕΤΑΝΙΑ
ANT1

07/2009 "Το Ξενοδοχείο Μεγάλη Βρετανία απέδειξε για άλλη μια φορά ότι είναι πλήρως ευαισθητοποιημένο σε θέματα που αφορούν την κοινωνική προσφορά και τη βοήθεια των συνανθρώπων μας που βρίσκονται σε ανάγκη, συμμετέχοντας στην πρωτοβουλία του τηλεοπτικού σταθμού "ΑΝΤ1" και της εκπομπής "Με Αγάπη" που παρουσιάζει η Μαρί Κυριακού.

Το ξενοδοχείο συγκέντρωσε 40 κομμάτια παλαιού ιματισμού που θα αποσταλούν σε ένα από τα σημεία συγκέντρωσης και θα τοποθετηθούν στα "Κουτιά με Αγάπη", τα οποία συγκεντρώνουν ρούχα που δίνονται σε ευπαθείς ομάδες του πληθυσμού όπως παιδιά και άστεγους ή άπορους συνανθρώπους μας. Η Μεγάλη Βρετανία πάντα στηρίζει τόσο σημαντικές και ελπιδοφόρες πρωτοβουλίες, όπως η συγκεκριμένη ενέργεια του "ΑΝΤ1", που έχουν ως σκοπό την ευαισθητοποίηση του κόσμου και την εκδήλωση ενδιαφέροντος για τους συνανθρώπους μας που περνούν δύσκολες στιγμές στερούμενοι βασικά αγαθά.

Το Ξενοδοχείο Μεγάλη Βρετανία, στα πλαίσια της κοινωνικής του προσφοράς συμμετέχει και υποστηρίζει θερμά τις φιλανθρωπικές αυτές ενέργειες στέλνοντας ένα ηχηρό μήνυμα ότι όλοι μπορούμε να βοηθήσουμε προσφέροντας ακόμα και το ελάχιστο. Με αυτό τον τρόπο δίνουμε μια ανάσα ελπίδας και ανακούφισης στους ανθρώπους που ζουν δίπλα μας"
(Από το site του ξενοδοχείου Grand Bretagne)

Παράδειγμα 5

ALDEMAR - THALES Green Award for Excellence 2009"

"Με τη σημαντικότερη διάκριση Εταιρικής Κοινωνικής Ευθύνης (ΕΚΕ), το βραβείο καλύτερης "πράσινης" επιχειρηματικής πρωτοβουλίας "THALES Green Award for Excellence 2009", τιμήθηκε πρόσφατα ο όμιλος Aldemar. Η βράβευση πραγματοποιήθηκε σε ξεχωριστή τελετή, στις 7 Μαΐου 2009, στην Αθήνα, στο πλαίσιο του ετήσιου συνεδρίου Κοινωνικής Εταιρικής Ευθύνης (CEO & CSR Money Conference 2009), που διοργανώθηκε από τη Money Conference και την EuroCharity."
(Από το διαδικτυακό site της Aldemar)

Παράδειγμα 6

PAROS HOUSES

"Η Paros Houses με αίσθημα ευθύνης και κοινωνικής ευαισθησίας, εκφράζει το έμπρακτο ενδιαφέρον της για την ανάπτυξη του αθλητισμού και αθλητικού τουρισμού στην Πάρο, στις Κυκλάδες και γενικότερα στην Ελλάδα. Η εταιρεία μας αποφάσισε να κατασκευάσει το πρώτο ιδιωτικό Tennis Club στις Κυκλάδες και γενικότερα ένα από τα ελάχιστα που υπάρχουν σε ελληνικά νησιά. Ο κύριος σκοπός του project ήταν και είναι να αποκτήσει ο όμιλος αντισφαίρισης Πάρου το δικό του σπίτι, με σκοπό να οργανωθεί και να παράγει το έργο που αρμόζει σε έναν αθλητικό όμιλο. Για το σκοπό αυτό η εταιρεία μας ήρθε σε συμφωνία και παραχωρεί αφιλοκερδώς τα γήπεδα του Club για τις προπονήσεις των παιδιών του ομίλου, καθώς και για όποια άλλη ανάγκη προκύψει στο αθλητικό τμήμα του ομίλου. Πέρα από τον όμιλο, το Paros Tennis and Sports Club δίνει τη δυνατότητα στους κατοίκους του νησιού αλλά και στους επισκέπτες από όλο τον κόσμο να ασχοληθούν με το άθλημα του τένις, να λάβουν μέρος σε αγώνες, να προπονηθούν αλλά και να παρακολουθήσουν διεθνή τουρνουά που διοργανώνονται στα γήπεδα του Paros Tennis and Sports Club. "

(Από το διαδικτυακό site της Paros Houses)

Παράδειγμα 7

BLUE STAR FERRIES
Δημοσιεύθηκε: 17:08 - 10/11/09

" Με τις ευχές της Blue Star Ferries θα "ταξιδέψει" και αυτήν την αγωνιστική περίοδο η ΠΑΕ Διαγόρας στο πρωτάθλημα της Β' Εθνικής. Η στήριξη στον σύλλογο της Ρόδου αρχίζει από το 2006 και η άψογη έως τώρα συνεργασία μας, μόνο αρωγούς θα μπορούσε να μας βρει στην νέα προσπάθεια της ΠΑΕ να διακριθεί στο φετινό πρωτάθλημα.

Για τους παράγοντες και αθλητές η επίτευξη των στόχων κάθε χρονιάς αποτελεί την επιβράβευση της συλλογικής προσπάθειας που γίνεται για την καλύτερη δυνατή αγωνιστική παρουσία. Για την Blue Star Ferries επιβράβευση αποτελεί η αναγνώριση της υποστήριξης και τόνωσης του νησιώτικου αθλητισμού, καθώς και η δημιουργία αυτών των προϋποθέσεων που θα κρατούν τους νέους κοντά στον αθλητισμό και στον τόπο τους.

Στο πλαίσιο του προγράμματος της Εταιρικής Κοινωνικής Ευθύνης "ΜΕ

ΠΡΟΟΡΙΣΜΟ ΕΣΑΣ" η Blue Star Ferries συνεχίζει την στήριξη αυτή στην ΠΑΕ Διαγόρας και για την αγωνιστική περίοδο 2009-2010.

Με Προορισμό τους κατοίκους των νησιών συστρατευόμαστε στο ζήτημα της αειφόρου ανάπτυξης, με κύριους άξονες τη προστασία του περιβάλλοντος, την εκπαίδευση, την άθληση, τον πολιτισμό και την υγεία των τοπικών κοινωνιών.
Ευχόμαστε στην ΠΑΕ Διαγόρας καλή επιτυχία για την φετινή αγωνιστική περίοδο"
(Από το site της QualityNet.gr στο διαδίκτυο)

18

Είναι γεγονός ότι το ξενοδοχειακό προϊόν στη χώρα μας είναι άμεσα συνδεδεμένο με το φυσικό περιβάλλον γιαυτό και ένας μεγάλος αριθμός ενεργειών αφορούν την **προστασία του φυσικού περιβάλλοντος**. Η ευαισθησία για το περιβάλλον "περνά" και στους πελάτες όσον αφορά τις παρεχόμενες υπηρεσίες (για παράδειγμα να μην

αλλάζονται οι πετσέτες καθημερινά, να κάνουν οικονομία στο νερό και την ηλεκτρική ενέργεια, κ.α.) προκειμένου να προστατέψουν τα περιβάλλον και στους tour operators που πλέον δίνουν μεγάλη σημασία στο τρόπο που τα ξενοδοχεία διαχειρίζονται το περιβάλλον. Η απόκτηση της γαλάζιας σημαίας στη παραλία του ξενοδοχείου, το EU Ecolab) όπως και η πιστοποίηση ISO14001 θεωρούνται πολύ σημαντικά πλεονεκτήματα για τη προβολή των ξενοδοχείων στη πελατεία τους.

Ευρωπαϊκό Οικολογικό Σήμα (EU ecolabel)

19

Η ανάλυση της κατάστασης πάνω στην οποία στηρίζονται οι αποφάσεις για τον προγραμματισμό των ενεργειών επικοινωνίας, ακολουθεί το μοντέλο SWOT Analysis όπου αναλύονται τα παρόντα δυνατά στοιχεία και χαρακτηριστικά (πλεονεκτήματα) της εταιρείας, οι υπάρχουσες αδυναμίες της, οι προοπτικές της στο μέλλον και οι κίνδυνοι που πιθανά να απειλούν τη μελλοντική της επιτυχή πορεία (βλέπε πίνακα)

Strengths (δυνατότητες)	**Weaknesses** (αδυναμίες)
Opportunities (προοπτικές)	**Threats** (κίνδυνοι)

SWOT Analysis για τη ξενοδοχειακή επιχείρηση

Strengths (δυνατότητες)	Φετινό κερδοφόρο οικονομικό αποτέλεσμα
	Φετινές υψηλές πληρότητες
	Θετική "εικόνα" σήμερα
	Εκπαιδευμένο προσωπικό
	Θετική δημοσιότητα από κλαδικό Τύπο
	Υψηλή θέση στο Trip Advisor
	Θετικά σχόλια πελατών & συνεργατών
	Πιστοποιήσεις HACCP & ISO
Weaknesses (αδυναμίες)	Αρνητική ή σχεδόν αρνητική "εικόνα" σήμερα
	Μέτριες πληρότητες
	Πρόβλημα ρευστότητας σήμερα
	Κάποια αρνητικά σχόλια από τον τοπικό Τύπο
	Έλλειψη εκπαιδευμένου προσωπικού σε κάποιες θέσεις
	Μείωση των εσόδων κατά 20% συγκριτικά με τη περασμένη σεζόν
Opportunities (προοπτικές)	Η επένδυση σε νέες τεχνολογίες αναμένεται να αποδώσει
	Το επιτυχές "άνοιγμα" στις νέες αγορές της Άπω Ανατολής
	Η επέκταση της εταιρείας με την λειτουργία νέας μονάδας τον επόμενο χρόνο
	Το "κλείσιμο" μακρόχρονης και συμφέρουσας συμφωνίας με μεγάλο tour operator
Threats (κίνδυνοι)	Ο αυξανόμενος ανταγωνισμός στο τόπο λειτουργίας της επιχείρησης
	Η προβλεπόμενη μείωση των πελατών από την κύρια αγορά της επιχείρησης
	Η παγκόσμια οικονομική ύφεση
	Η ποιοτική υποβάθμιση του προορισμού όπου λειτουργεί η μονάδα

20

Οι δημόσιες σχέσεις δεν πρέπει σε καμμία περίπτωση να συγχέονται με τις ενέργειες προώθησης πωλήσεων προϊόντων και υπηρεσιών. Ως "προώθηση πωλήσεων" ορίζεται η παροχή κινήτρων η οποία αποσκοπεί στο να επιτύχει άμεσες πωλήσεις. Τα περισσότερα από αυτά τα κίνητρα (π.χ. εκπτώσεις, προσφορές) έχουν συνήθως περιορισμένη χρονική διάρκεια, κυρίως σε περιόδους όπου η κίνηση είναι υποτονική. Η συχνή χρήση του όρου "προσφορά" αρκετές φορές δημιουργεί την εντύπωση της διάθεσης χωρίς χρέωση, του δώρου, κ.α. οπότε και συγχέεται με τις δημόσιες σχέσεις.

Άλλοι τρόποι προώθησης είναι οι εγγυήσεις (guarantees), τα διάφορα δώρα, οι διαγωνισμοί, οι κάθε είδους εκπτώσεις, η αναβάθμιση δωματίου (upgrade) με χαμηλή εξτρά χρέωση, ακόμα και κάποιες συνεργατικές προωθήσεις, όπως, για παράδειγμα, ένα ξενοδοχείο να συνεργαστεί με ένα ταξιδιωτικό οργανισμό ώστε να παρέχουν από κοινού έκπτωση στα μέλη τους. Τα προγράμματα συχνότητας (Frequent Guest Programs), όπου οι επισκέπτες μαζεύουν πόντους, ανάλογα με την κατανάλωση κερδίζοντας ένα δωρεάν γεύμα ή διανυκτέρευση ή την ενοικίαση αυτοκινήτου, ή οτιδήποτε άλλο, αποτελούν προωθητικές ενέργειες με πολύπλευρα οφέλη για την τουριστική επιχείρηση.

Η έμφαση στο ποιοτικό μάνατζμεντ και ιδιαίτερα οι πιστοποιήσεις ISO και HACCP αποτελούν κλασσικά παραδείγματα που βελτιώνουν την αξιοπιστία της ξενοδοχειακής επιχείρησης, αυξάνουν το αίσθημα ασφάλειας, και ενισχύουν την εμπιστοσύνη των πελατών. Το HACCP, ως σύστημα οργάνωσης που στοχεύει στην διάθεση ασφαλών τροφίμων, βασίζεται περισσότερο στην πρόληψη των κινδύνων και λιγότερο στην καταπολέμηση των αποτελεσμάτων της εμφάνισής τους. Σήμερα, η εφαρμογή των κανόνων ποιότητας αποτελούν δεδομένη επένδυση ουσίας -και όχι επικοινωνιακής πολιτικής- με πολλαπλά πλεονεκτήματα. Τα τελευταία χρόνια η έννοια της πιστοποίησης λειτουργεί ευεργετικά καθότι ο σύγχρονος πελάτης δίνει τεράστια σημασία σε θέματα ασφάλειας αλλά και διασφάλισης της ποιότητας των υπηρεσιών που αγοράζει και καταναλώνει.

Πρακτικές Περιπτώσεις

Πώs θα απαντήσετε τιs ερωτήσειs των πρακτικών περιπτώσεων

1. Μελετήστε προσεκτικά την εκφώνηση τηs πρακτικήs περίπτωσηs ΠΡΙΝ απαντήσετε
2. Γράψτε την απάντησή σαs ακολουθώνταs τιs οδηγίεs

3. Αν το επιθυμείτε, στείλτε τιs απαντήσεις με επισυναπτόμενο αρχείο (attached file) στο ηλεκτρονικό ταχυδρομείο του συγγραφέα: mkomninakis@hotmail.com

1. Πανικός στο Silver Gulf Hotel

Το ξενοδοχείο Silver Gulf ανήκει στη γνωστή αλυσίδα Ελληνοαμερικανικών συμφερόντων Silver Hotels ℜ Resorts S.A., εταιρεία που ιδρύθηκε το 1990 και στην οποία ανήκουν 4 πεντάστερες παραθαλάσσιες μονάδες συνολικής δύναμης 3200 κρεβατιών. Το Silver Gulf είναι το τελευταίο (πρόσφατο) και πλέον σύγχρονο ξενοδοχείο που προστέθηκε στην αλυσίδα, βρίσκεται στο Βόρειο τμήμα της Κω, που ξεκίνησε να λειτουργεί τον Μάρτιο του 2009. Η μονάδα λειτουργεί ως all-inclusive, εξυπηρετεί κατά κύριο λόγο τη Σκανδιναβική αγορά σε ποσοστό 65% και τα συμβόλαιά της προέρχονται από συμφωνίες με τον Νο1 tour operator της Σουηδίας. Η σύνθεση της αγοράς που φιλοξενεί απαρτίζεται κατά 70% από οικογένειες με μικρά παιδιά

Το ξενοδοχείο ξεκίνησε με τους καλύτερους οιωνούς, όμως στα μέσα της καλοκαιρινής περιόδου, τη 3η εβδομάδα του Ιουλίου συνέβη το εξής περιστατικό: Το μεσημέρι της 17ης Ιουλίου κατά τη διάρκεια του μεσημεριανού γεύματος, απόντος του διευθυντή, του κ. Ν. Νικηφοράκη (*), που εκείνη την ώρα επέστρεφε από την Τράπεζα, η οικογένεια Johansen (ζευγάρι 35 και 40 ετών με παιδί ηλικίας 7 ετών) ανέφερε ξαφνικά ότι έπαθε τροφική δηλητηρίαση !

Δημιουργήθηκε πανικός μεταξύ των πελατών, ειδοποιήθηκε η τουριστική αστυνομία και το ΕΚΑΒ που παρέλαβε την οικογένεια και τη μετέφερε στο νοσοκομείο, ειδοποιήθηκε ο αντιπρόσωπος του tour operator και οι τοπικές εφημερίδες έστειλαν δημοσιογράφο να ενημερωθεί για το γεγονός.

(*) Ο Ν. Νικηφοράκης, είναι 36 ετών, απόφοιτος γνωστής Ελβετικής Σχολής, με 5ετή διοικητική εμπειρία σε μικρά ξενοδοχεία άλλων εταιρειών. Προσελήφθη τον περασμένο χρόνο και το Silver Gulf είναι το πρώτο μεγάλο ξενοδοχείο που διευθύνει.

Την επομένη, στα πρωτοσέλιδα του τοπικού Τύπου φιγουράρει το Silver Bay με τον τίτλο "Δηλητηρίαση στο νεοσύστατο Silver Gulf της Silver Hotels & Resortσ" και φωτογραφία του νοσοκομειακού του ΕΚΑΒ παρκαρισμένου μπροστά στην είσοδο του ξενοδοχείου!

Ο Νικηφοράκης το ίδιο απόγευμα επισκέπτεται την οικογένεια στο νοσοκομείο και ευτυχώς για αυτόν πληροφορείται ότι όλοι έχουν διαφύγει τον κίνδυνο. Αμέσως μετά καλείται από την Αστυνομία να δώσει εξηγήσεις και κατάθεση.

Ο δημοσιογράφος Δ. Δημητρίου από την εφημερίδα "Διαδρομές" που δε συμπαθεί τον διευθυντή βρίσκει την ευκαιρία και δημοσιεύει καυστικό άρθρο για την ανευθυνότητα με την οποία αντιμετωπίζουμε τους ξένους τουρίστες αναφερόμενος στο τελευταίο περιστατικό του Silver Gulf!

Οι Johansen νοσηλεύονται τέσσερις ημέρες και στη συνέχεια αφού γίνονται οι προβλεπόμενες εξετάσεις, επιστρέφουν στη χώρα τους. Το περιστατικό επηρεάζει αρνητικά τα μέλη του υπόλοιπου γκρούπ των Σκανδιναβών και για αρκετές ημέρες οι περισσότεροι από αυτούς προτιμούν να δειπνούν εκτός ξενοδοχείου, φοβούμενοι ότι θα δηλητηριαστούν !

Με απόφαση του General Operations Manager της αλυσίδας, απολύεται ο σεφ που είχε την ευθύνη σύνθεσης του μενού. Παράλληλα, η εταιρεία δια της Guest Relations Mgr επικοινωνεί με τον Tour Operator, απολογείται για το ατυχές γεγονός, αναλαμβάνει την ευθύνη και διαβεβαιώνει ότι δεν θα συμβεί ξανά και επιπλέον προσφέρει στην οικογένεια των Σουηδών δωρεάν διαμονή-διατροφή 7 ημερών για το επόμενο καλοκαίρι

Τρεις εβδομάδες αργότερα, το Νοσοκομείο ειδοποιεί τον Νικηφοράκη για τα αποτελέσματα των εξετάσεων των οποίων η ανάλυση έγινε στην Αθήνα- όπου αναφέρεται ότι πράγματι επρόκειτο για τροφική δηλητηρίαση αλλά από τρόφιμο που δεν σερβίρεται και δεν περιλαμβάνεται στο μενού του μπουφέ του Silver Gulf!

Η εκτίμηση των γιατρών όπως αποδείχθηκε από τις αναλύσεις ήταν ότι η οικογένεια λίγο πριν το γεύμα, κατανάλωσε άπλητα μούσμουλα, φρούτα που δε σερβίρονται στο μενού του ξενοδοχείου! Όμως, δεν ανέφερε το γεγονός!

Ο διευθυντής "πέφτει από τα σύννεφα..!!!" Όλο το πρόβλημα, η αρνητική δημοσιότητα και η δυσφήμιση του ξενοδοχείου έγινε χωρίς την ευθύνη του ξενοδοχείου και φυσικά χωρίς την ευθύνη του σεφ!

Η Guest Relations Mgr επικοινωνεί με το Tour Operator, εξηγεί το γεγονός και επισυνάπτει τα αποδεικτικά στοιχεία των αναλύσεων από το Νοσοκομείο.

1. Από τη στιγμή που εκδηλώνεται η κρίση, ποιες θα έπρεπε να είναι οι ενέργειες του Διευθυντή;

2. Πώς κρίνετε την αντίδραση της αλυσίδας προς τον Tour Operator;

3. Ποιες ενέργειες πρέπει να κάνει το ξενοδοχείο για να επαναφέρει την αξιοπιστία του στη τοπική κοινωνία;

4. Πώς πρέπει το ξενοδοχείο (η διοίκηση) να διαχειριστεί τον σεφ;

5. Ποιες ενέργειες θα μπορούσε να κάνει η εταιρεία ώστε να προλάβει όμοιες καταστάσεις ή αν συμβούν να τις αντιμετωπίσει αποτελεσματικά;

Προαιρετικά στοιχεία

Όνομα ....

Επίθετο ....

Επάγγελμα ....

Έτη προϋπηρεσίας στις δημόσιες σχέσεις ....

E-mail ....

ΠΡΑΚΤΙΚΗ ΠΕΡΙΠΤΩΣΗ No. _____

Ερώτηση 1

_____
_____
_____
_____

Ερώτηση 2

_____
_____
_____
_____

Ερώτηση 3

_____
_____
_____
_____

Ερώτηση 4

_____
_____
_____
_____

Ερώτηση 5

_____
_____
_____
_____

ΠΑΡΑΤΗΡΗΣΕΙΣ - ΣΧΟΛΙΑ

_____
_____
_____
_____
_____

2. Εμμέσως... πλην σαφώς!

Από τις αρχές του χρόνου, το γνωστό ποιοτικό και "ψαγμένο" περιοδικό Dining Out των εκδόσεων Top-Top Publishers Ltd , προγραμματίζει την ύλη του για το δεύτερο 6μηνο του έτους. Το τεύχος του ερχόμενου Νοεμβρίου είναι αφιερωμένο στη Πολυνησιακή κουζίνα. Το πολυτελές εστιατόριο Huli Huli του γνωστού 50χρονου Ελληνο-Αυστραλού επιχειρηματία Mike Tsaras, πρώην επαγγελματία οδηγού αυτοκινήτων ταχύτητας στην Αυστραλία, ξεκίνησε να λειτουργεί με μεγάλη επιτυχία πριν 2 χρόνια στη παραλιακή οδό Ποσειδώνος στο Π. Φάληρο, Κριτικοί φαγητού & ποτού και δημοσιογράφοι έχουν εκφραστεί με τα καλύτερα λόγια για το πολυνησιακό εξειδικευμένο μενού, το όμορφο και καθαρό περιβάλλον που θυμίζει Άπω Ανατολή, τις λογικές τιμές του και το άψογο σέρβις φαγητού και ποτού.

Ο αρχισυντάκτης του περιοδικού, που είναι και τακτικός πελάτης του Huli Huli , στο πλαίσιο του διαφημιστικού σας πακέτου, σας έχει προτείνει την παρουσίαση του εστιατορίου στο τεύχος Νοεμβρίου με αφορμή το αφιέρωμα του περιοδικού στη πολυνησιακή κουζίνα στη μόνιμη στήλη "Γαστρονομικά Ταξίδια". Ο επιχειρηματίας, έμπειρος σε θέματα επικοινωνίας και δημοσιότητας, σας ζητά να συντάξετε άρθρο με θέμα "Γαστρονομικό ταξίδι στα εξωτικά νησιά της Πολυνησίας" και **εμμέσως πλήν σαφώς** να προωθήσετε τις μοναδικές γεύσεις του εστιατορίου του χωρίς όμως να "περνά" έντονα το μήνυμα της μονόπλευρης

(*) Το Huli Huli είναι παραδοσιακό πιάτο ειδικής παρασκευής κοτόπουλου που συναντάται στα νησιά της Πολυνησίας στον Ειρηνικό Ωκεανό

προβολής του εστιατορίου. Με άλλα λόγια το "κέντρο βάρους" του άρθρου είναι η πολυνησιακή κουζίνα και όχι το εστιατόριο καθ' αυτό.

Αξιοποιήστε τα στοιχεία που σας έδωσε ο μάνατζερ του εστιατορίου και συντάξτε το κείμενο, ενισχύοντάς το με φωτογραφικό υλικό. Ψάξτε στο διαδίκτυο για πληροφορίες που αφορούν την πολυνησιακή κουζίνα και τα χαρακτηριστικά της, εξοικειωθείτε με τις γεύσεις, τα υλικά που χρησιμοποιεί, τα παραδοσιακά πολυνησιακά πιάτα, πιθανά κοκταίηλ ή κρασιά που τα συνοδεύουν, κλπ.

Το άρθρο σας πρέπει να μη ξεπερνά τις 2000 λέξεις και να μην είναι μικρότερο από 1200 λέξεις. Δανειστείτε φωτογραφίες από το διαδίκτυο (αναφέροντας τις "πηγές" σας), αποφύγετε την "αντιγραφή", χρησιμοποιήστε απλή γραμματοσειρά (type: Times Roman, size: 12 -πεζά, όχι κεφαλαία). Το ύφος σας προτείνεται να είναι περιγραφικό, να δίνει πολλές πληροφορίες χωρίς υπερβολικούς χαρακτηρισμούς, έξυπνο, δημιουργικό, να κινεί το ενδιαφέρον, να προωθεί το μενού του εστιατορίου και το image του, χωρίς να "περνά" όμως την αίσθηση της διαφήμισης.

Το προφίλ του Huli Huli Restaurant

Έτος ίδρυσης	2012
Επιχειρηματίας	Mike Tsaras, Ελληνο-Αυστραλός, 50 ετών
Μορφή εταιρείας	Ατομική επιχείρηση
Τοποθεσία	Π. Φάληρο, Αττική (παραλιακή Ποσειδώνος)
Χωρητικότητα	45 τραπέζια, 170 άτομα
Κουζίνα	Πολυνησιακή
Άλλοι χώροι	Μπάρ (ορθίων-με σκαμπώ, μήκους μπάρας 6,5 μέτρων)
Διακόσμηση	Oriental με παραδοσιακή μουσική από νησιά του Ειρηνικού Κυριαρχεί το ξύλο και το κόκκινο -μαύρο χρώμα

Σέρβις	Υψηλού επιπέδου, συμμετέχουν κοπέλες πρώην αεροσυνοδοί από Ταϋλάνδη που μιλούν Αγγλικά και λίγα Ελληνικά
Μάνατζερ	Lucas J J, Αυστραλός, 40 ετών, παλαιός συνεργάτης και παιδικός φίλος του Mike, βραβευμένος οινοχόος.
Κάρτα Μενού	6 ορεκτικά, 12 κυρίως πιάτα, 5 παραδοσιακά πολυνησιακά επιδόρπια
Κάρτα κρασιού	16 επιλεγμένες ετικέτες από διεθνή κρασιά (ερυθρά, ροζέ, λευκά) και 4 ελληνικά (ερυθρά-λευκά)
Γλώσσα καρτών	Αγγλικά-Ελληνικά
Πλέον δημοφιλές πιάτο	Αστακός Samoan King Lobster € 31.00
Πλέον δημοφιλές ορεκτικό	Μανιτάρια γεμιστά με καβουρόψυχα € 9.00
Πλέον δημοφιλές επιδόρπιο	Κέϊκ καρύδας € 6.50
Τιμές πιάτων (κυρίως)	από €18.00 €35.00
Special cocktail	Χούλι Χούλι MAI-TAI € 7.80
Σέφ	Chef Lo-Lo, 45 ετών, από τις Φιλιππίνες
Προσωπικό (σύνολο)	18 άτομα
Οικονομικό αποτέλεσμα 2012	Καθαρό κέρδος άνω των 60.000 ευρώ
2013	Καθαρό κέρδος άνω των 80.000 ευρώ
Διακρίσεις	Αναμένεται να προταθεί ως το No1 εστιατόριο ξένης κουζίνας στην Ελλάδα από γνωστούς κριτικούς γεύσης
Διασημότητες που δείπνησαν εκεί	Διπλωμάτες από Ταϋλάνδη, Κίνα, Ιαπωνία, Κορέα, Αυστραλία, Φιλιππίνες, Νέα Ζηλανδία, υπουργοί και βουλευτές, διάσημοι καλλιτέχνες, συγγραφείς, επιχειρηματίες, γνωστοί αθλητές.
Ώρες λειτουργίας	Τρίτη - Κυριακή (Δευτέρα κλειστά) από 18:00 01:00

Appetizers & Salads / Ορεκτικά και Σαλάτες
Lomi Lomi Salmon
Shrimp cocktail
Egg Rolls (chicken or pork)
Hawaiian style meatballs
Stuffed mushrooms with crab
Caesar salad
Macaroni Salad with pineapple
Baby greens salad
Entrees / Κυρίως πιάτα
Mahi Mahi with nuts
Teriyaki steak strips
Huli Huli chicken
Kaui Salmon
Hawaiian chicken with pineapple and mango
Polynesian pork tenderloin
Samoan King Lobster
French Polynesian Seafood platter

Desserts / Επιδόρπια
Banana Pudding
Macadamia Nut Cheese Cake
Key Lime Pie
Poly Cheese Cake with fresh strawberries or cherries
Pineapple Malibu Rum Cheese Cake
Coconut Cream Cake

Huli Huli Chicken (Χαβανέζικη συνταγή με κοτόπουλο)

Το κοτόπουλο "huli huli" (φωτογραφία) είναι μπουτάκια κοτόπουλου με το δέρμα τους που ψήνονται στα κάρβουνα αφού έχουν μαριναριστεί με τριμμένο σκόρδο, κέτσαπ, μαύρη ζάχαρη, τζίντζερ και έχουν πρώτα διατηρηθεί για ώρες στο ψυγείο.

Λίγα λόγια για το Dining Out

Εκδότης	ΤΟΠ-ΤΟΠ Εκδοτική ΕΠΕ
Έτος πρώτης κυκλοφορίας	2010
Έδρα	Αθήνα
Κυκλοφορία	Μηνιαίο, πανελλήνιο (πρώτη Δευτέρα κάθε μήνα)
Τιράζ (μηνιαίο, μέσος όρος)	3500 τμχ
Θέση στον ανταγωνισμό	2^n θέση μεταξύ των ομοειδών περιοδικών (2013)
Συνδρομές 2010	περίπου 10% των πωλήσεων
Σελίδες	100, τετραχρωμία με ράχη
Ένθετα	Δεκτά επιλεκτικά
Καταχωρήσεις	4χρωμες και ολοσέλιδες μόνο

ΠΕΡΙΕΧΟΜΕΝΑ

Μόνιμες στήλες	Editorial
	Αφιέρωμα (ποικίλα θέματα μαγειρικής, διατροφής, κλπ)
	Συνταγές που ενδιαφέρουν (ελληνική και διεθνής κουζίνα)
	Ο Σέφ προτείνει (διακεκριμένοι σέφ γνωστών εστιατορίων παρουσιάζουν νέα πιάτα)
	Διατροφή (συμβουλές υγιεινής διατροφής, βιολογικά προϊόντα)
	Γαστρονομικά Ταξίδια (αφιέρωση σε συγκεκριμένες ξένες Κουζίνες
	Γλυκιές δημιουργίες (συνταγές γλυκών)
	Κρασί (άρθρα για το κρασί από Ελλάδα και όλο τον κόσμο)
	Τα Νέα της Αγοράς (προτάσεις νέων προϊόντων, συσκευών, κ.α)
	Preview του επόμενου τεύχους
	Βιβλίο (παρουσιάζονται εκδόσεις με θέματα που αφορούν τη κουζίνα)
Διαφημίζονται	Προϊόντα (τρόφιμα, ποτά, συσκευές, κλπ) Νέα πολυτελή εστιατόρια Menu
Άρθρα-αφιερώσεις	Διάφορα θέματα (βλέπε λίστες αφιερωμάτων
Αναγνώστες	(βλέπε σχετικό στατιστικό)
Τιμή πώλησης	€ 6.00

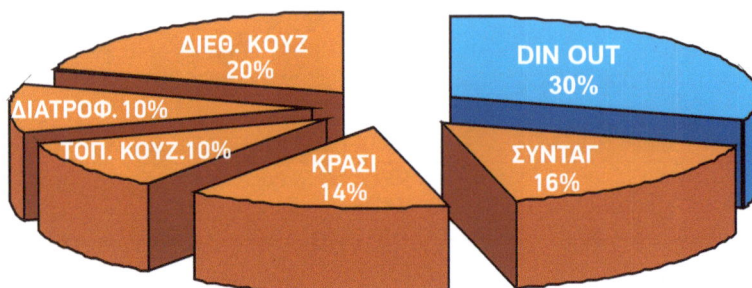

Διανομή/έμφαση της ύλης

Αφιερώματα τευχών 2013

Ιανουάριος	Καλή χρονιά με τα καλύτερα κρασιά της χώρας μας
Φεβρουάριος	Εθνικ σούπερ μάρκετ στην Αθήνα
Μάρτιος	Βιολογικά προϊόντα
Απρίλιος	Αγροτουρισμός και μαγειρική
Μάϊος	Παιδικά Μενού
Ιούνιος	Επιλέξτε επιδόρπια
Ιούλιος	Παγωτό: Τα μυστικά της γεύσης
Αύγουστος	Καλογερική μαγειρική τέχνη
Σεπτέμβριος	Τα μυστικά της μαγειρικής στον ατμό
Οκτώβριος	Εξωτικά μενού και που θα τα δοκιμάσετε
Νοέμβριος	Gourmet προτάσεις
Δεκέμβριος	Dining out for Christmas: Προτάσεις για φαγητό & ποτό

Τεύχος του έτους (σε πωλήσεις)   Τεύχος Οκτωβρίου 2013

Αφιερώσεις 2014

Ιανουάριος	Χειμερινός γαστρονομικός τουρισμός
Φεβρουάριος	Αυθεντικές τσαγερί στην Αθήνα και τη περιφέρεια
Μάρτιος	Γαλλικό κρασί & γαλλική σαμπάνια
Απρίλιος	Πασχαλινά γεύματα που εντυπωσιάζουν
Μάϊος	Παραδοσιακές κομπόστες
Ιούνιος	Έξυπνες κουζίνες: Η τεχνολογία στη

	σύγχρονη κουζίνα
Ιούλιος	Εξωτικά cocktails με χυμούς και φρούτα
Αύγουστος	Θεματικά εστιατόρια
Σεπτέμβριος	Γαμήλια γεύματα
Οκτώβριος	Τα μυστικά στη Θρακιώτικη κουζίνα
Νοέμβριος	Κουζίνα Italiana
Δεκέμβριος	Dining out for Christmas: Προτάσεις εστιατορίων που Ξεχωρίζουν σε Αθήνα και Θεσσαλονίκη
Τεύχος του έτους (πωλήσεις)	Τεύχος Νοεμβρίου 2014

Σας έχει έχει συζηθεί να συντάξετε άρθρο με θέμα "Γαστρονομικό ταξίδι στα εξωτικά νησιά της Πολυνησίας" και **εμμέσως πλήν σαφώς** να προωθήσετε τις μοναδικές γεύσεις του εστιατορίου Huli Huli Restaurant, χωρίς όμως να "περνά" έντονα το μήνυμα της μονόπλευρης προβολής του εστιατορίου

Προαιρετικά στοιχεία

Όνομα ....

Επίθετο ....

Επάγγελμα ....

Έτη προϋπηρεσίας στις δημόσιες σχέσεις ....

E-mail ....

ΠΡΑΚΤΙΚΗ ΠΕΡΙΠΤΩΣΗ Νο. _____

"Γαστρονομικό ταξίδι στα εξωτικά νησιά της Πολυνησίας"

3. Alpha Executive Star Hotel

Το ξενοδοχείο ALPHA Hotel είναι ένα ιστορικό ξενοδοχείο πόλης επί της Λεωφόρου Καβάλας, πολύ κοντά στην Εθνική Οδό Αθηνών-Λαμίας και τον Σταθμό Υπεραστικών Λεωφορείων (στον Κηφισό) που ίδρυσε μία παλαιά αριστοκρατική οικογένεια της Αθήνας και διηύθυναν διαδοχικά τα μέλη της από το 1980 μέχρι το 2014. Το ξενοδοχείο παρά την πολύχρονη λειτουργία του, κράτησε χαμηλό προφίλ και στο παρελθόν δεν διαφημίστηκε αρκετά, γεγονός που μέχρι σήμερα σχολιάζεται από τους ξενοδοχειακούς "κύκλους".

Πρόσφατα όμως, κάνοντας μία ριζική ανακαίνιση, το ξενοδοχείο μετονομάστηκε σε ALPHA Executive Star Hotel. Η νέα μονάδα διευθύνεται πλέον από εταιρεία διαχείρισης ξενοδοχείων, είναι υπερσύγχρονη, 4 αστέρων, διαθέτει 32 άνετα δίκλινα δωμάτια και 4 σουίτες, lobby, lounge, εστιατόριο 80 ατόμων, business services center, υπόγειο garage και ένα conference / meeting room για 120 άτομα. Πρόσφατα η εταιρεία διαχείρισης ανακοίνωσε την έναρξη των διαδικασιών για την πιστοποίηση του ξενοδοχείου σε HACCP.

Οι αλλαγές στη ταυτότητα, κατηγορία, υπηρεσίες, μάνατζμεντ, κλπ απαιτούν μία καμπάνια προβολής και επικοινωνίας του νέου concept. Η εταιρεία σας, που έχει αναλάβει το πρόγραμμα επικοινωνίας του Alpha Executive Star Hotel, ετοιμάζει με δική σας πρωτοβουλία μία σειρά ενεργειών των οποίων η υλοποίηση προβλέπεται να ξεκινήσει σε 7 μήνες από σήμερα.

Η Διεύθυνση του ξενοδοχείου, πέρα από το συνολικό κόστος του προγράμματος, επιθυμεί το προτεινόμενο πρόγραμμα με μία ένδειξη κόστους ανά ενέργεια ώστε να επιλέξει με βάση το διαθέσιμο budget.

Ως μέλος της ομάδας επικοινωνίας, σχεδιάστε ένα 2ετές πρόγραμμα (draft) ενεργειών **δημοσίων σχέσεων** όχι διαφήμιση- για το ξενοδοχείο.

Προσδιορίστε για κάθε ενέργεια

1. Τον σκοπό της ενέργειας (επιδιωκόμενο αποτέλεσμα)
2. Την περιγραφή της ενέργειας
3. Το κοινό (ή τους τύπους κοινού) που απευθύνεται
4. Το κόστος (συνολικό) της ενέργειας
5. Τη χρονική διάρκεια της ενέργειας
6. Τον τρόπο αξιολόγησης της ενέργειας
7. Πιθανή ημερομηνία έναρξης / λήξης της ενέργειας
8. Συνολικό κόστος του 2ετούς προγράμματος για το ξενοδοχείο
9. Συντάξτε ένα κείμενο 200-250 λέξεων που θα δημοσιευτεί στο κλαδικό Οδηγό GTP (Greek Travel Pages) του μεθεπόμενου μήνα πληροφορώντας την αγορά για τη νέα ονομασία / ταυτότητα του ξενοδοχείου. Πριν συντάξετε το κείμενο ενημερωθείτε από προηγούμενα τεύχη του Οδηγού το στυλ των δημοσιεύσεων στα περιεχόμενα των "News & Events" www.gtp.gr

Προαιρετικά στοιχεία
Όνομα ....
Επίθετο ....
Επάγγελμα ....
Έτη προϋπηρεσίας στις δημόσιες σχέσεις ....
E-mail ....

ΠΡΑΚΤΙΚΗ ΠΕΡΙΠΤΩΣΗ Νο. _____

Ερώτηση 1

Ερώτηση 2

Ερώτηση 3

Ερώτηση 4

Ερώτηση 5

Ερώτηση 6

Ερώτηση 7

Ερώτηση 8

Ερώτηση 9

4. Sea Side Resort Hotel

Το ξενοδοχείο SEA SIDE Resort Hotel είναι το μεγαλύτερο και πλέον πολυτελές 5στερο ξενοδοχείο γνωστής παραθαλάσσιας περιοχής της Χαλκιδικής, σε απόσταση 90 χλ από τη πόλη της Θεσσαλονίκης.

Το ξενοδοχείο πρωτολειτούργησε το 1989, και τα τελευταία 10 χρόνια κατάφερε με τις ποιοτικές του υπηρεσίες και το εκπαιδευμένο προσωπικό του να αποτελεί το πλέον ανταγωνιστικό μεγάλο ξενοδοχείο της περιοχής. Διαθέτει περισσότερες από 1000 κλίνες, πισίνες, οργανωμένη παραλία, γήπεδα γκόλφ και τένις, 2 εστιατόρια, 4 μπάρ, γυμναστήριο, αίθουσα συνεδρίων, παιδότοπο, ιατρείο, κομμωτήριο, μίνι μάρκετ, κλπ.

Η μονάδα είναι θερινή εποχιακή και από Ιούλιο μέχρι τα μέσα Σεπτεμβρίου απασχολεί περισσότερα από 300 άτομα προσωπικό. Ως το μεγαλύτερο ξενοδοχείο της περιοχής το Sea Side θεωρείται ο μεγαλύτερος εργοδότης της έχοντας δημιουργήσει τη φήμη μίας αξιόπιστης επιχείρησης που στηρίζει και στηρίζεται από τη τοπική αγορά εργασίας,

Η πλειοψηφία (άνω του 75%) του προσωπικού είναι Έλληνες που κατοικούν στις γύρω περιοχές και εργάζονται σταθερά και μόνιμα κάθε καλοκαίρι. Το καλοκαίρι του 2012 η Δνση Προσωπικού στη προσπάθειά της να μειώσει το εργατικό κόστος έκανε αρκετές περικοπές, κυρίως σε ώρες εργασίας γεγονός που δεν άρεσε στους εργαζόμενους, παρόλα αυτά πέραν από κάποιες "μουρμούρες" δεν υπήρξαν σοβαρά παράπονα.

Το καλοκαίρι του 2013, η Δνση του ξενοδοχείου συνεχίζοντας την προσπάθεια συμπίεσης του εργατικού κόστος με περικοπές στα ωράρια και την αύξηση των Repos, συνεργάστηκε με εταιρεία "εισαγωγής" ξένων εργαζόμενων και μαθητών από την Πολωνία και τη Τσεχία και αποφάσισε να προσλάβει υπαλλήλους με χαμηλότερους μισθούς αντί των εργαζομένων από τη περιοχή. Πράγματι, υπήρξε μείωση του κόστους εργασίας, όμως οι μουρμούρες εξελίχθηκαν σε παράπονα με αποτέλεσμα στις αρχές του καλοκαιριού του 2014 η Δνση του ξενοδοχείου να βρίσκεται μπροστά σε ένα πολύ σοβαρό πρόβλημα:
Εκατό εργαζόμενοι πολλοί εκ των οποίων εργάστηκαν για αρκετά χρόνια στη

μονάδα αυτή αρνήθηκαν να εργαστούν στο ξενοδοχείο! Το πρόβλημα έγινε οξύ σε θέσεις του σέρβις στο εστιατόρια, τα μπαρ και την οροφοκομία. Η εταιρεία αναγκάστηκε να προσλάβει και πάλι ξένους και κατά το πλείστον ανειδίκευτους. Από το ξεκίνημα όμως της σεζόν παρατηρήθηκε αύξηση των παραπόνων των πελατών κυρίως στο σέρβις και τη καθαριότητα των δωματίων ενώ και οι tour operators ξεκίνησαν να "γκρινιάζουν" ! Η Δνση του ξενοδοχείου βρέθηκε σε πολύ δύσκολη θέση και κατάλαβε ότι ρίσκαρε να καταστρέψει ότι πέτυχε τα τελευταία χρόνια.

Το χειμώνα του 2009 ο Γενικός Δντής του ξενοδοχείου αναγκάζεται να διακόψει την "εισαγωγή" των ξένων εργατών και να καλέσει τους παλαιούς εργαζομένους πίσω. Όμως, από τους 100 εργαζόμενους που έπρεπε να επιστρέψουν, μόνο οι 30 από αυτούς πραγματικά ανταποκρίθηκαν θετικά. Οι υπόλοιποι με διάφορες δικαιολογίες αρνήθηκαν τη συνεργασία. Οι περισσότεροι από αυτούς προτίμησαν κάποιο άλλο ξενοδοχείο να εργαστούν θεωρώντας ότι το Sea Side τους είχε "προδώσει".

Η σύσκεψη των ανώτερων στελεχών και των ιδιοκτητών του ξενοδοχείου στα μέσα του Νοεμβρίου του 2013 ανέλυσε το πρόβλημα, αντιλήφθηκε το μέγεθος του λάθους και της κακής διαχείρισης του προσωπικού και μεταξύ των αποφάσεων που πήρε ήταν και η ακόλουθη:

Ανέθεσε στην ομάδα σας να προτείνετε ένα "πακέτο" ενεργειών που θα έχουν στόχο να αποκαταστήσουν τις παλιές καλές σχέσεις του ξενοδοχείου με τους παλιούς εργαζόμενους, να επαναφέρουν τη φήμη του ξενοδοχείου ως του πλέον αξιόπιστου εργοδότη της περιοχής και να διορθώσουν την "εικόνα" της επιχείρησης που δεν εκτιμά τους ανθρώπους που την ανέδειξαν.

Εσείς αγνοώντας το κόστος κάθε ενέργειας, προτείνετε 3 βραχυπρόθεσμες ή μακροπρόθεσμες ενέργειες αναφέροντας για κάθε μία από αυτές τον συγκεκριμένο επιδιωκόμενο σκοπό.

Λόγοι που ανέφεραν οι πρώην εργαζόμενοι αρνούμενοι να εργαστούν στο ξενοδοχείο:

"Εργάζομαι ήδη ή θα εργαστώ σε άλλο ξενοδοχείο" (45%)

"Μάλλον δεν θα εργαστώ ξανά σε ξενοδοχείο" (20%)

"Λόγοι υγείας..." (14%)

"Έχω απογοητευθεί από το Sea Side, θα το σκεφθώ..." (10%)

"Δεν ήμουν / είμαι ικανοποιημένος με τις αμοιβές μου" (8%)

Άλλοι λόγοι 3%

Προαιρετικά στοιχεία
Όνομα ....
Επίθετο..
Επάγγελμα ....
Έτη προϋπηρεσίας στις δημόσιες σχέσεις ....
E-mail ....

ΠΡΑΚΤΙΚΗ ΠΕΡΙΠΤΩΣΗ Νο. ____

Ενέργειες που κατά τη γνώμη σας θα αποκαταστήσουν τις καλές σχέσεις της επιχείρησης με το προσωπικό βραχυπρόθεσμα ή μακροπρόθεσμα. Μελετήστε το περιεχόμενο της πρακτικής περίπτωσης και στη συνέχεια ακολουθήστε το παρακάτω τρόπο παρουσίασης των απαντήσεών σας.

Ενέργεια 1 (σύντομη περιγραφή-σκοπός)
_____
_____
_____
_____
_____
_____

Ενέργεια 2 (σύντομη περιγραφή-σκοπός)
_____
_____
_____
_____
_____
_____

Ενέργεια 3 (σύντομη περιγραφή-σκοπός)
_____
_____
_____
_____
_____
_____

ΠΑΡΑΤΗΡΗΣΕΙΣ - ΣΧΟΛΙΑ
_____
_____
_____
_____
_____

5. Golden Ladies Club

Το Αμερικάνικο club "Golden Ladies Club" αποτελείται από εκατοντάδες Αμερικανίδες συνταξιούχους άνω των 50 ετών που συνηθίζουν να κάνουν καλοκαιρινές διακοπές στη Κρήτη. Η Πρόεδρος του club, Joan Bryan, 70 ετών, τ. καθηγήτρια Ιστορίας της Τέχνης του Πανεπιστημίου της Νέας Υόρκης, επισκέπτεται την Ελλάδα συχνά και θεωρείται θερμή οπαδός του Κρητικού πολιτισμού.

Τα τελευταία χρόνια το κλάμπ από τις αρχές Μαΐου μέχρι τα μέσα Ιουλίου στέλνει συστηματικά ομάδες των 30 ατόμων στο 5στερο πολυτελές ξενοδοχείο Cretan Royal Resort της Κρήτης. Τα μέλη της κάθε ομάδας διαμένουν για 10 ημέρες και συνήθως συνδυάζουν τη διαμονή τους με εκδρομές σε ιστορικούς τόπους του νησιού, μουσεία, μονάδες αγροτουρισμού, κ.α.

Το κλάμπ θεωρείται ένας πολύ καλός και τακτικός πελάτης για το Cretan Royal Resort και το ξενοδοχείο πάντοτε προσέχει ιδιαίτερα τις υπηρεσίες του, έτσι ώστε οι Αμερικανίδες κυρίες να περνούν ευχάριστα κατά τη διάρκεια της διαμονής των.

Φέτος το καλοκαίρι συμπληρώνονται 5 χρόνια από την πρώτη συνεργασία με το κλάμπ και την κυρία Bryan και η Δνση του ξενοδοχείου έχει μία πρώτης τάξης ευκαιρία να την αξιοποιήσει επικοινωνιακά.

Η κ. Πετρακάκη, Guest Relations Mgr του ξενοδοχείου, συγκαλεί συνάντηση με τους βοηθούς της για να σχεδιάσουν ενέργειες που πρόκειται να στοχεύσουν στη διατήρηση της συνεργασίας με το κλάμπ και όχι μόνο.

Το Europa Trend Travel, το ταξιδιωτικό πρακτορείο που μεταφέρει τις Αμερικανίδες από τη Νέα Υόρκη στην Ελλάδα και τη Κρήτη έχει ενημερώσει ότι τη φετινή περίοδο αναμένονται 4 ομάδες back-to-back με το πρώτο γκρούπ του κλάμπ να αναμένεται το πρώτο Σάββατο του Μαΐου.

Η ομάδα των δημοσίων σχέσεων του ξενοδοχείου καλείται να προτείνει κατάλληλες ενέργειες επικοινωνίας και να τις προωθήσει για έγκριση. Οι συμβουλές και οι ιδέες σας θα είναι χρήσιμες για την κ. Πετρακάκη και την ομάδα της.

Οι ενέργειες πρέπει να στοχεύουν αποκλειστικά τα μέλη του κλάμπ και να αναφέρουν το κόστος για κάθε μία ώστε η Δνση να τις προϋπολογίσει.

Golden Ladies Club
Το club ιδρύθηκε το 1971 και η έδρα του βρίσκεται στη Νέα Υόρκη των ΗΠΑ. Αριθμεί 1800 μέλη εκ των οποίων περισσότερα από 1000 είναι τέως πανεπιστημιακοί και επιστήμονες γυναίκες από όλες τις Πολιτείες της Β. Αμερικής. Τα μέλη είναι άνω των 55 ετών, μέσου και υψηλού εισοδήματος, με ενδιαφέροντα τα ταξίδια, τη μουσική, την παγκόσμια ιστορία, την τέχνη, την υγιεινή διατροφή. Μεταξύ των μελών συγκαταλέγονται διακεκριμένες συγγραφείς και κριτικοί τέχνης. Πρόεδρος τα τελευταία 4 χρόνια είναι η κυρία Joan Bryan, 70 ετών, τ. καθηγήτρια Ιστορίας Τέχνης στο NYU. Η Ελλάδα και ιδιαίτερα η Κρήτη λόγω της πλούσιας ιστορίας της- αποτελεί προσφιλής προορισμός ταξιδιών για τα μέλη του κλάμπ. Το πρακτορείο Europa Trend Travel αναλαμβάνει για λογαριασμό του κλάμπ τα αεροπορικά εισητήρια και transfers από τη Νέα Υόρκη μέχρι την Κρήτη μέσω Αθηνών.

Προαιρετικά στοιχεία

Όνομα ....

Επίθετο...

Επάγγελμα ....

Έτη προϋπηρεσίας στις δημόσιες σχέσεις ....

E-mail ....

ΠΡΑΚΤΙΚΗ ΠΕΡΙΠΤΩΣΗ Νο. ____

Ως συνεργάτης και σύμβουλος της Guest Relations Mgr, βοηθήστε με τις ιδέες σας να σχεδιάσει ενέργειες που στοχεύουν στη διατήρηση της συνεργασίας του ξενοδοχείου με το κλάμπ και όχι μόνο.

ΠΡΟΤΑΣΕΙΣ-ΙΔΕΕΣ **ΧΑΜΗΛΟΥ ΣΧΕΤΙΚΑ** ΚΟΣΤΟΥΣ

Ενέργεια 1 (περιληπτική περιγραφή-πιθανό κόστος)

_____
_____
_____
_____
_____
_____

Ενέργεια 2 (περιληπτική περιγραφή-πιθανό κόστος)

_____
_____
_____
_____
_____
_____

Ενέργεια 3 (περιληπτική περιγραφή-πιθανό κόστος)

_____
_____
_____
_____
_____
_____

ΠΑΡΑΤΗΡΗΣΕΙΣ - ΣΧΟΛΙΑ

_____
_____
_____
_____
_____

6. Apocalypsis Ltδ

Τα αποτελέσματα της εταιρείας APOCALYPSIS Marketing Research (AMR Ltd) που ανέλαβε να διερευνήσει την αντίληψη της πελατείας για το επίπεδο των υπηρεσιών στα ξενοδοχεία της ROYAL CLUB HOTELS κρίθηκαν σημαντικά. Η αλυσίδα αποτελείται από 6 all-inclusive μονάδες συνολικής δύναμης 2000 δωματίων σε Πελοπόννησο (2), Κρήτη (2), Ρόδο (1) και Σαντορίνη (1).

Η AMR χρησιμοποίησε έντυπα ερωτηματολόγια και focus groups πελατών. Παρά τη γενική καλή "εικόνα" των πελατών για τις υπηρεσίες που λαμβάνουν στα ξενοδοχεία της επιχείρησης, τα αποτελέσματα ανέδειξαν ένα ανησυχητικό στοιχείο που "θορύβησε" το ΔΣ.

Παρά το γεγονός ότι η εταιρεία δαπάνησε το υπέρογκο ποσό των 2.000.000 ευρώ σε συστήματα ασφάλειας και φύλαξης υψηλής τεχνολογίας, οι πελάτες σε υψηλό ποσοστό εκφράζουν επιφυλάξεις και διατυπώνουν παράπονα που αφορούν "έλλειψη ασφάλειας εντός των χώρων του ξενοδοχείου"! Παράπονα για αυτό το θέμα εκφράζονται και στο site του Trip Advisor όπου πελάτης περιγράφει περιστατικό με τη χαλασμένη κλειδαριά της πόρτας του δωματίου του που διαπίστωσε ότι αυτό παρέμεινε ανοικτό μία ολόκληρη νύχτα! Παράλληλα άλλος πελάτης αναφέρει ότι και στα δύο ξενοδοχεία της αλυσίδας που έμεινε σε Κρήτη και Κω δεν υπήρχε Υπεύθυνος Ασφαλείας!

Η ασφάλεια που στην αντίληψη του σύγχρονου πελάτη αποτελεί σημαντικό παράγοντα στη λήψη απόφασης και επιλογής του καταλύματος που θα διαμείνει είναι ένα ευαίσθητο θέμα και η εταιρεία δίνει μεγάλη σημασία. Προφανώς, παρά την επένδυση σε αυτόν τον τομέα, η υπηρεσία αυτή δεν έχει "περάσει" σωστά στη πελατεία.

Εσείς, ειδικοί στις δημόσιες σχέσεις, αναλαμβάνετε στη περίοδο που έρχεται να σχεδιάσετε μία αποτελεσματική πολιτική επικοινωνίας που θα αναδείξει το έμπρακτο ενδιαφέρον της εταιρείας στην ασφάλεια του πελάτη και θα αλλάξει την υπάρχουσα αρνητική "εικόνα" όπως αυτή αποτυπώθηκε στα αποτελέσματα της AMR.

Προαιρετικά στοιχεία
Όνομα ....
Επίθετο..
Επάγγελμα ....
Έτη προϋπηρεσίας στις δημόσιες σχέσεις ....
E-mail ....

ΠΡΑΚΤΙΚΗ ΠΕΡΙΠΤΩΣΗ Νο. ____

ΠΟΛΙΤΙΚΗ ΕΠΙΚΟΙΝΩΝΙΑΣ

7. Ο "εφιάλτης" του Zante Wings

Το ξενοδοχείο διακοπών *Zante Wings Resort Hotel* ανήκει στη γνωστή αλυσίδα Ελληνοαμερικανικών συμφερόντων Silver Hotels & Resorts S.A., εταιρεία που ιδρύθηκε το 1990 και στην οποία ανήκουν 4 ξενοδοχειακές μονάδες.

Το περιοδικό ποικίλης ύλης TOURISM, SPORTS & LEISURE του γνωστού Αθηναϊκού εκδοτικού οίκου VELOS Publications Ltd είναι νεανικό μηνιαίο περιοδικό, το δεύτερο σε κυκλοφορία στη κατηγορία του με μόνιμες στήλες και αφιερώματα στον εσωτερικό τουρισμό. Απευθύνεται σε νέους 18 - 25 ετών που έχουν ως κύρια χόμπυ τα ταξίδια, τις εκδρομές και τον αθλητισμό. Στο περιοδικό αρθρογραφεί ο γνωστός δημοσιογράφος Α.Α. με το ψευδώνυμο "Ορφέας", πολύ διάσημος μεταξύ των αναγνωστών.

Στο τεύχος του Νοεμβρίου 2013, που έχει και μεγάλη κυκλοφορία ενόψει των χειμερινών διακοπών και των αφιερωμάτων στα χιονοδρομικά κέντρα της Ελλάδας, ο "Ορφέας" γράφει 3σέλιδο άρθρο με τίτλο "Να Γιατί Μας Ξεφωνίζουν!"

Το άρθρο αναφέρεται εκτεταμένα στα αποτελέσματα ανώνυμου γκάλοπ 6 ερωτήσεων που διενήργησε Βρετανικό περιοδικό μεταξύ Ευρωπαίων τουριστών στα νησιά του Ιονίου Ζάκυνθο και Κεφαλονιά το μήνα Αύγουστο 2013. Σύμφωνα με τα αποτελέσματα του γκάλοπ, οι Βρετανοί και άλλοι τουρίστες εκφράζουν φρικτά παράπονα για την καθαριότητα των καταλυμάτων καθώς και την αντιεπαγγελματική συμπεριφορά υπαλλήλων ξενοδοχείων! Το άρθρο περιλαμβάνει σχετικό πίνακα με τα στατιστικά των απαντήσεων, φωτογραφίες των νησιών και μεταξύ των φωτογραφιών, φωτογραφία του ξενοδοχείου ZANTE WINGS Hotel, ξενοδοχείου 5 αστέρων, βραβευμένου ξενοδοχείου από την Ένωση Ξενοδόχων Ιονίων Νήσων το 2007, τον Ιταλικό ταξιδιωτικό οργανισμό GRECOTOURS το 2009 και τον ΕΟΤ το 2011.

Οι παρατηρήσεις του "Ορφέα" είναι ότι ανεξάρτητα από τα παράπονα των επισκεπτών στα συγκεκριμένα νησιά, προβλήματα καθαριότητας και επαγγελματισμού μεταξύ των ξενοδοχοϋπαλλήλων υπάρχουν και σε άλλες τουριστικές περιοχές και θα έπρεπε η κατάσταση να βελτιωθεί άμεσα! Το άρθρο κλείνει με παραινέσεις στους ξενοδόχους να βελτιώσουν την ποιότητα των υπηρεσιών, να επιμορφώσουν το προσωπικό τους και να λάβουν άμεσα μέτρα για τη καθαριότητα των επιχειρήσεων τους.

Εσείς είστε ο σύμβουλος δημοσίων σχέσεων του ξενοδοχείου Zante Wings Resort Hotel και διαβάζοντας το άρθρο του γνωστού δημοσιογράφου, "πέφτετε από τα σύννεφα!" Ούτε λίγο ούτε πολύ δημιουργείται μία άσχημη όσο και άδικη αλλά και κυρίως υποκειμενική εντύπωση στους αναγνώστες αποτρέποντάς τους εμμέσως από το να επισκεφθούν τα νησιά αλλά και να δημιουργηθεί ένα άσχημο προηγούμενο!

Επικοινωνείτε με τον Διευθύνοντα Σύμβουλο της Α.Ε. και αποφασίζετε να συναντηθείτε ώστε να καθορίσετε τη στάση σας έναντι του Εκδότη και του δημοσιογράφου και φυσικά να αποτρέψετε τα χειρότερα!

ZANTE WINGS RESORT HOTEL Προφίλ

Λειτουργία	Μάϊος-Οκτώβριος
Έτος ίδρυσης της εταιρείας	2003
Πρώτο έτος λειτουργίας	2005
Νομική Μορφή	Α.Ε.

Τοποθεσία	Ζάκυνθος
Κατηγορία	de LUX *****
Δωμάτια	480
Κλίνες	690
Προσωπικό (full/part time)	280
Εγκαταστάσεις/Υπηρεσίες	2 εστιατόρια, ταβέρνα, 2 μπάρ Πισίνα εξωτερική Παιδική εξωτερική πισίνα Παιδική χαρά, Μίνι μάρκετ, Μίνι γκόλφ Οργανωμένη παραλία Αίθουσα πολλαπλών χρήσεων Internet corner Ομάδα animation
Αγορά (βασική) που απευθύνεται	Οικογένειες / Β. Ευρώπη
Σύνθεση πελατείας (2 τελευταία χρόνια)	Ιταλία 40%, Δανία 23%, Ελλάδα 10% Λοιπή 27%
Θέση στο Trip Advisor (Ζάκυνθος)	#11
Διακρίσεις	Γαλάζια Σημαία συνεχώς τα τελευταία 4 χρόνια
Ιστοσελίδα	www.zw.com
Ιδιαίτερο στοιχείο/Παρατηρήσεις	Προγραμματίζεται ανακαίνιση δωματίων για τον επόμενο χειμώνα

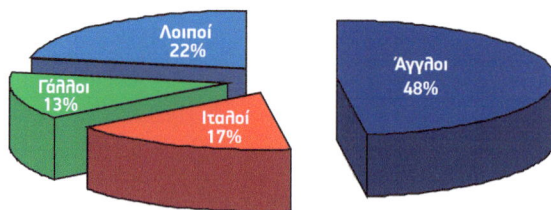

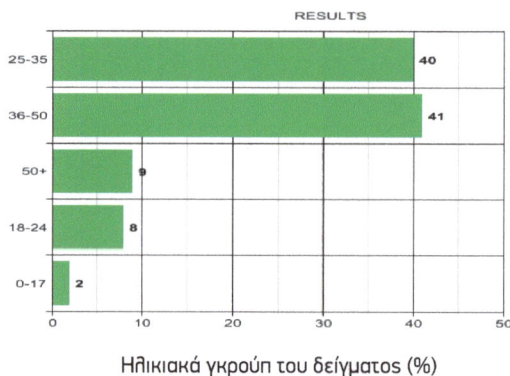

Ηλικιακά γκρούπ του δείγματος (%)

1. Περιγράψτε τους κινδύνους που μπορούν να προκύψουν από την αρνητική δημοσιότητα του ξενοδοχείου στο περιοδικό

2. Αποφασίστε για τις βραχυπρόθεσμες (άμεσες) και μεσοπρόθεσμες ενέργειες που πρόκειται να ακολουθήσετε

3. Συντάξτε επιστολή διαμαρτυρίας προς τον Υπεύθυνο Σύνταξης του Tourism, Leisure & Sports

Οι ερωτήσεις του γκάλοπ σε κλίματα 1-5 (1=απαράδεκτο και 5=άριστο)

1. Πώς κρίνετε τις φυσικές ομορφιές των νησιών Ζάκυνθος και Κεφαλονιά
1=6% 2=9% 3=25% 4=60% 5=82%

2. Πώς κρίνετε τις τουριστικές υποδομές των νησιών
1=9% 2=11% 3=40% 4=80% 5=24%

3. Πώς κρίνετε τη συμπεριφορά των υπαλλήλων στις τουριστικές
επιχειρήσεις των νησιών
1=6% 2=9% 3=25% 4=60% 5=82%

4. Ποιο είναι το σοβαρότερο πρόβλημα που αντιμετωπίσατε
Ελλείψεις στις ανέσεις=6% Συγκοινωνίες μέσα στα νησιά=9% =25%
Αντιεπαγγελματισμός =60% Καθαριότητα=82%

5. Κρίνετε πολυδάπανες τις διακοπές σας στα νησιά αυτά?
Ναι=49% Όχι=22% Άλλο/ΔΑ=29%

6. Θα επιστρέψετε στα νησιά κάποια άλλη φορά?
Ναι=27%% Ίσως=40% Όχι=13%

Δείγμα: 202 ερωτηθέντες
Υπηκοότητα: Βρετανοί -71%, Ιταλοί -21 %, Σκανδιναβοί -4%, Άλλοι -6%
Χρονική περίοδος: 1-20/8
Περιοχή διεξαγωγής γκάλοπ: Λιμάνια Κεφαλονιάς & Ζακύνθου Εστιατόρια
μπάρ των νησιών
Υπεύθυνος έρευνας-αποτελεσμάτων: John Lucas για λογαριασμό της
Brighton Monday Times

Προαιρετικά στοιχεία

Όνομα ....

Επίθετο...

Επάγγελμα ....

Έτη προϋπηρεσίας στις δημόσιες σχέσεις ....

E-mail ....

ΠΡΑΚΤΙΚΗ ΠΕΡΙΠΤΩΣΗ Νο. ____

Ερώτηση 1

_____
_____
_____
_____
_____
_____
_____
_____
_____
_____

Ερώτηση 2

_____
_____
_____
_____
_____
_____
_____
_____
_____

Ερώτηση 3

_____
_____
_____
_____
_____
_____
_____
_____

ΠΑΡΑΤΗΡΗΣΕΙΣ-ΣΧΟΛΙΑ

8. Blue Sky Lagoon Hotel

Η νέα Διεύθυνση του ξενοδοχείου Blue Sky Lagoon Hotel, παραθαλάσσιας εποχιακής μονάδας 220 δωματίων και 20 bungalows, 4 αστέρων, που λειτουργεί από το 2010 σε Κυκλαδίτικο νησί, επιθυμεί να διενεργήσει έρευνα γνώμης μεταξύ των πελατών ώστε να επεξεργαστεί πιθανές βελτιώσεις στη ποσότητα και ποιότητα των υπηρεσιών που παρέχει.

Το Blue Sky Lagoon Hotel διαθέτει 1 κύριο εστιατόριο (half-board), 1 παραδοσιακή ταβέρνα (α λα κάρτ), 1 εσωτερικό μπάρ, 1 beach bar, πισίνα ενηλίκων, πισίνα παιδική, παιδική χαρά, οργανωμένη παραλία, γυμναστήριο, internet corner, μίνι μάρκετ, υπόγεια αίθουσα πολλαπλών χρήσεων 400 τμ., κήπο και πάρκινγκ 100 θέσεων.

Την περασμένη σεζόν, η μονάδα παρουσίασε καθαρά κέρδη άνω των 800.000 ευρώ, και μέση πληρότητα 66% (από Απρίλιο μέχρι Σεπτέμβριο). Σοβαρά παράπονα δε διατυπώθηκαν, η βασική του συνεργασία με Γερμανικό Γραφείο κρίθηκε απόλυτα επιτυχής. Η πελατεία της είναι κατά το πλείστον οικογένειες με μικρά παιδιά : Γερμανοί (30%), Ολλανδοί (20%), Έλληνες στη πλειοψηφία τους

Αθηναίοι (20%), Βέλγοι (10%), άλλοι διάφοροι (20%)

Η Δνση σας αναθέτει για την σεζόν που έρχεται σε λίγους μήνες να συντάξετε το **Ερωτηματολόγιο** (στην ελληνική κατ΄αρχήν γλώσσα ώστε να μεταφραστεί στη συνέχεια αφού οριστικοποιηθεί) που πρόκειται να χρησιμοποιηθεί από το άνοιγμα μέχρι το κλείσιμο του ξενοδοχείου και θα μετρήσει τις γνώμες και αξιολογήσεις των πελατών για όλες τις υπηρεσίες που προσφέρονται στο Blue Sky Lagoon.

Το ερωτηματολόγο προτείνεται από τη Δνση του ξενοδοχείου να αποτελείται από 10-12 κλειστές ερωτήσεις & ερωτήσεις πολλαπλών επιλογών, να είναι απλό, κατανοητό, εύχρηστο και να παρέχει τα στοιχεία του δείγματος.

1. Συντάξτε το ερωτηματολόγιο 10-12 ερωτήσεων που αξιολογεί τις προσφερόμενες υπηρεσίες

2. Προτείνετε τα τεχνικά του στοιχεία (σχεδιασμός, γραφιστική κατασκευή, εκτύπωση, τιράζ κλπ)

3. Προτείνετε τον τρόπο διάθεσής του ώστε να επιτευχθεί ο στόχος της συλλογής μεγάλου αριθμού συμπληρωμένων ερωτηματολογίων

Προαιρετικά στοιχεία

Όνομα ....

Επίθετο...

Επάγγελμα ....

Έτη προϋπηρεσίας στις δημόσιες σχέσεις ....

E-mail ....

ΠΡΑΚΤΙΚΗ ΠΕΡΙΠΤΩΣΗ Νο. _____

Ερώτηση 1

_____
_____
_____
_____
_____
_____

Ερώτηση 2

_____
_____
_____
_____
_____
_____

Ερώτηση 3

_____
_____
_____
_____
_____
_____

ΠΑΡΑΤΗΡΗΣΕΙΣ-ΣΧΟΛΙΑ

_____
_____
_____
_____
_____
_____
_____
_____

9. Arrow Hospitality Group

Η επίσημη αναγγελία της συνεργασίας του πολυμετοχικού Ομίλου ARROW HOSPITALITY GROUP, ομίλου τουριστικών επιχειρήσεων με την Ευρωπαϊκή Τράπεζα GRANADA NATIONAL BANK της Ισπανίας είναι το θέμα για την οργάνωση Δεξίωσης Τύπου που έχετε αναλάβει να οργανώσετε για λογαριασμό του πελάτη σας, της Arrow Hospitality. Η Ισπανική τράπεζα πρόκειται να επενδύσει στις εμπορικές δραστηριότητες του ελληνικού ομίλου και με αυτό τα τρόπο να "εισέλθει" στην ελληνική αγορά.

Στην Arrow Hospitality ανήκουν 6 ξενοδοχεία συνολικής δύναμης 2000 κλινών, εταιρεία ενοικίασης αυτοκινήτων με στόλο 180 Ι.Χ. αυτοκινήτων μικρού και μεσαίου κυβισμού, κτηματομεσιτική εταιρεία που δραστηριοποιείται στα Δωδεκάνησα, και εταιρεία εμπορίας ξενοδοχειακού εξοπλισμού.

Η εταιρεία δίνει μεγάλη σημασία στην ενέργεια αυτή και επιθυμεί η δεξίωση Τύπου να έχει επίσημο και εντυπωσιακό χαρακτήρα. Για τον λόγο αυτό έχετε το ελεύθερο από πλευράς budget.

Γνωρίζετε ότι η εκδήλωση πρέπει να υλοποιηθεί σε 10 εβδομάδες από σήμερα, προτείνεται ο αριθμός προσκεκλημένων να κυμανθεί από 200-300 άτομα και να λάβει χώρα σε κεντρικό ξενοδοχείο του κέντρου της Αθήνας. Εκ μέρους της Arrow Hospitality,ο βασικός ομιλητής θα είναι Πρόεδρος του ΔΣ, ο κ. Δασκαλάκης και εκ μέρους της Granada Bank ο Πρόεδρος του ΔΣ της τράπεζας, ο κ.Ernesto Diaz.

ARROW HOSPITALITY GROUP	
ΞΕΝΟΔΟΧΕΙΑ **2000 κλίνες**	Arrow Greco **** / Rhodes First Arrow Hotel*** / Rhodes Arrow Inn *** / Kos Arrow Classic ***** / Athens Arrow Seaside **** / Corfu Arrow Corfu Palaca**** / Corfu
ARROW RENT - A- CAR	100 αυτοκίνητα 1000-1200 κυβ 80 αυτοκίνητα 1400-1600 κυβ
ARROW REAL ESTATE	Αγοραπωλησία ακινήτων στα Δωδεκάνησα με έδρα τη Ρόδο
ARROW IMPORT **Εισαγωγική εμπορική δραστηριότητα Εξοπλισμός ξενοδοχείων-εστιατορίων**	ΕΞΟΠΛΙΣΜΟΙ ΞΕΝΟΔΟΧΕΙΩΝ

1. Αποφασίστε για τον τόπο και χρόνο υλοποίησης της εκδήλωσης

2. Αποφασίστε για τη σύνθεση των καλεσμένων (ποιοι και πόσοι)

3. Συντάξτε το κείμενο της Πρόσκλησης των εκπροσώπων των ΜΜΕ

4. Συντάξτε το Δελτίο Τύπου που θα δοθεί στη δημοσιότητα πριν την εκδήλωση και θα σταλεί σε κλαδικά έντυπα όπως το Greek Travel Pages

5. Αποφασίστε για το περιεχόμενο του Press Kit και του τρόπου διανομής του

6. Αποφασίστε για το μενού της δεξίωσης και του τρόπου σερβιρίσματος, το στήσιμο της αίθουσας, κλπ.

7. Αποφασίστε για τους ομιλητές, τα οπτικοακουστικά, το πάνελ των ομιλητών, τη σειρά των ομιλητών, χαιρετισμών, κλπ

Προαιρετικά στοιχεία

Όνομα ....

Επίθετο ....

Επάγγελμα ....

Έτη προϋπηρεσίας στις δημόσιες σχέσεις ....

E-mail ....

ΠΡΑΚΤΙΚΗ ΠΕΡΙΠΤΩΣΗ Νο. _____

Ερώτηση 1

_____
_____
_____
_____

Ερώτηση 2

_____
_____
_____
_____

Ερώτηση 3

_____
_____
_____
_____

Ερώτηση 4

_____
_____
_____
_____

Ερώτηση 5

_____
_____
_____
_____

Ερώτηση 6

_____
_____
_____
_____

Ερώτηση 7

_____
_____
_____
_____

ΠΑΡΑΤΗΡΗΣΕΙΣ-ΣΧΟΛΙΑ

_____
_____
_____
_____
_____
_____
_____
_____
_____
_____
_____
_____
_____
_____
_____

10. Ρεθεμιώτικο Καρναβάλι

Το Ρέθυμνο της Κρήτης διοργανώνει κάθε χρόνο ένα από τα πιο όμορφα καρναβάλια της χώρας μας. Χιλιάδες κόσμου επισκέπτονται τη πόλη κατά τη διάρκεια του Καρναβαλιού και συμμετέχουν στα πρωτότυπα αλλά και παραδοσιακά δρώμενα που σχεδιάζει η Επιτροπή Οργάνωσης του Καρναβαλιού του Δήμου. Κάθε χρόνο ο Δήμος αναζητά τη συμμετοχή εκατοντάδων εθελοντών πολιτών και επιχειρήσεων. Φέτος ο μη κερδοσκοπικός Όμιλος Ξενοδόχων Ρεθύμνου αποφάσισε να συμμετάσχει δυναμικά και να εξετάσει διάφορες ιδέες χαμηλού κόστους που θα μπορούσαν να κάνουν δυναμική τη παρουσία της Ένωσης αλλά και του κλάδου στη πόλη και τους χιλιάδες επισκέπτες που φυσικά αποτελούν μελλοντικούς πελάτες του Ρεθύμνου.

Από τη διακόσμηση των δρόμων της πόλης κατά τη διάρκεια των ημερών του καρναβαλιού

Εσείς, ως ειδικός σε θέματα δημοσίων σχέσεων, καλείστε από το ΔΣ του Ομίλου Ξενοδόχων να προτείνετε συγκεκριμένες δραστηριότητες που θα μπορούσε να αναλάβει ο Όμιλος ώστε να:

• Προβάλει την "εικόνα" των μελών της και του τουριστικού προορισμού που αντιπροσωπεύει στο ευρύ κοινό και κυρίως τους επισκέπτες εκτός Ρεθύμνου

• Βελτιώσει τις σχέσεις του Ομίλου με το Δήμο

Αντιπρόσωπος της Ένωσης σας έχει πληροφορήσει ότι σε αυτή συμμετέχουν 200 μέλη (ξενοδόχοι), υπάρχει διαθέσιμη αίθουσα εκδηλώσεων του Ομίλου χωρητικότητας 100-120 ατόμων στο κέντρο της πόλης, και το διαθέσιμο budget είναι 5,500 ευρώ. Παράλληλα, γνωρίζετε ότι ο Δήμος για τις ανάγκες προβολής των τοπικών επιχειρήσεων εκδίδει 24-σέλιδο ενημερωτικό έντυπο με τα καρναβαλικά δρώμενα, ειδική αφίσα-πόστερ, δημοσιεύσεις στα τοπικό και Αθηναϊκό Τύπο, τα τοπικά Κρητικά κανάλια και ραδιόφωνα, κλπ.

Οδηγός Πληροφοριών "Ρεθεμιώτικο Καρναβάλι" -έντυπο 24 σελίδων (τιράζ: 3.000 κομμάτια)με το Πρόγραμμα του Καρναβαλιού, τις δραστηριότητες, τη παρέλαση και τις καρναβαλικές ομάδες, κλπ. που διανέμεται σε 100 σημεία της πόλης αλλά και σε Ηράκλειο, Χανιά και Άγιο Νικόλαο. Ολοσέλιδη καταχώρηση 4χρωμη €750, 1/2σέλιδη καταχώρηση 4χωμη €480. Πακέτα για χορηγία: Από € 1500 μέχρι 3500 € (αφίσα που αναρτάται σε πολλά σημεία της πόλης, διαφημιστικά stands, διαφημιστικά δώρα, δελτία τύπου). Για πιθανή προβολή στα τοπικά ΜΜΕ διατίθενται πληροφορίες σε απευθείας επικοινωνία μαζί τους

Ενδεικτικά ΜΜΕ της Κρήτης
Εφημερίδα
ΝΕΑ ΚΡΗΤΗ 2810 232709
Εφημερίδα
ΡΕΘΕΜΙΩΤΙΚΑ ΝΕΑ 28310 22223
Εφημερίδα
ΚΡΗΤΙΚΗ ΕΠΙΘΕΩΡΗΣΗ 28310 22867
Τηλεόραση
RETHYMNO CHANNEL 28310 24932
Ραδιόφωνο
FLY FM 28310 20220

Προτείνετε 3 συγκεκριμένες δραστηριότητες που θα μπορούσε να αναλάβει ο Όμιλος

Προαιρετικά στοιχεία

Όνομα ....

Επίθετο ....

Επάγγελμα ....

Έτη προϋπηρεσίας στις δημόσιες σχέσεις ....

E-mail ....

ΠΡΑΚΤΙΚΗ ΠΕΡΙΠΤΩΣΗ Νο. _____

Προτείνετε 3 συγκεκριμένες δραστηριότητες που θα μπορούσε να αναλάβει ο Όμιλος:

Δραστηριότητα 1

_____
_____
_____
_____
_____
_____

Δραστηριότητα 2

_____
_____
_____
_____
_____
_____

Δραστηριότητα 3

_____
_____
_____
_____
_____
_____

ΠΑΡΑΤΗΡΗΣΕΙΣ-ΣΧΟΛΙΑ

_____
_____
_____
_____
_____
_____
_____

11. Seafood on the grill
Τα 20ά γενέθλια των εστιατορίων

Είναι Ιανουάριος και τον Οκτώβριο του επόμενου χρόνου η αλυσίδα εστιατορίων Seafood On The Grill κλείνει 20 χρόνια επιτυχημένης πορείας.

Η αλυσίδα περιλαμβάνει και λειτουργεί 8 εστιατόρια σε όλη την Ελλάδα, 1 στο Μόναχο και 1 ση Κύπρο. Με προσιτό οικονομικά μενού ψαρικών στη σχάρα και μία μοναδική ατμόσφαιρα των εστιατορίων που βασίζεται σε Αιγαιοπελαγίτικη θεματολογία, τα πιάτα του σεφ Καπετάν Αντώναρου έχουν γίνει διεθνώς γνωστά και έχουν προβληθεί σε αρκετά περιοδικά μαγειρικής. Οικογένειες και νεαρά ζευγάρια αποτελούν το μεγαλύτερο ποσοστό της πελατείας. Τα εστιατόρια είναι μικροί αλλά "ζεστοί" γενικά χώροι, το προσωπικό ευχάριστο και κεφάτο, το μενού σχετικά μικρό αλλά πρωτότυπο και πολύ γευστικό. Η αλυσίδα έχει πάρει θετικές κριτικές από ειδικούς του είδους και χρησιμοποιεί αγνά ποιοτικά υλικά Ελληνικής αποκλειστικά προέλευσης

Από το 2011 λειτουργεί η ιστοσελίδα της αλυσίδας www.seafoodonthegrill.com με το μενού μεταφρασμένο σε 6 γλώσσες. Οι επισκέπτες της ιστοσελίδας μορούν να εγγραφούν μέλη και να λαμβάνουν το σχετικό newsletter με συνταγές, "μυστικά" για το υγιεινό μαγείρεμα θαλασσινών, τις συμβουλές του Καπετάν Αντώναρου, κλπ.

Η εταιρεία συνεργάζεται με γνωστή διαφημιστική εταιρεία στην οποία το ΔΣ αναθέτει την εκπόνηση καμπάνιας επικοινωνίας με κεντρικό θέμα τον εορτασμό των 20 χρόνων της αλυσίδας.

Στα πλάνα της εταιρείας είναι το άνοιγμα 2 ακόμη εστιατορίων με τη μορφή franchise, ενός στο Ηράκλειο της Κρήτης και ενός στα Ιωάννινα.

Εστιατόρια Seafood On The Grill

Αττική 4
Πάτρα 1
Θεσσαλονίκη 2
Ρόδος 1
Κύπρος 1
Μόναχο Γερμανία 1

Τα 3 πλέον δημοφιλή πιάτα του μενού

#1 *Η ψαρόσουπα του
Καπετάν Αντώναρου....... € 8.50*

#2 Γοργόνες Γαρίδες του Αιγαίου
στη σχάρα.... € 18.00

#3 *Seafood Cocktail Platter..........................€ 27.00*
(μοναδική πιατέλα θαλασσινών)

Το ΔΣ ζητά από εσάς, τον/την εκπρόσωπο της διαφημιστικής να προτείνετε το concept της καμπάνιας και τον βασικό "κορμό" των ενεργειών με χρονοδιάγραμμα και προϋπολογισμό.

Προαιρετικά στοιχεία

Όνομα ....

Επίθετο ....

Επάγγελμα ....

Έτη προϋπηρεσίας στις δημόσιες σχέσεις ....

E-mail ....

ΠΡΑΚΤΙΚΗ ΠΕΡΙΠΤΩΣΗ No. _____

Προτείνετε το concept της καμπάνιας και τον βασικό "κορμό" των ενεργειών με χρονοδιάγραμμα και προϋπολογισμό.

_____
_____
_____
_____
_____
_____
_____
_____
_____
_____
_____
_____
_____
_____
_____
_____
_____
_____
_____
_____
_____
_____
_____
_____
_____

ΠΑΡΑΤΗΡΗΣΕΙΣ-ΣΧΟΛΙΑ

_____
_____
_____
_____
_____
_____

12. Η HFG αε στην έκθεση "Τουριστικό Προφίλ"

Η έκθεση "Τουριστικό Προφίλ" διοργανώνεται κάθε χρόνο στην Αθήνα στις αρχές του Μαΐου. Πέρυσι λόγω φόρτου εργασίας η εταιρεία Hospitality First Group ΑΕ, αλυσίδα μικρών boutique ξενοδοχείων πόλης (5) δεν συμμετείχε ως εκθέτης. Το χρόνο όμως που έρχεται η αλυσίδα σχεδιάζει να συμμετάσχει και μάλιστα δυναμικά- για το λόγο αυτό ζητά από την δική σας εταιρεία επικοινωνίας να επεξεργαστείτε το όλο project.

Το διαθέσιμο καθαρά budget σας είναι € 30.000 για ενέργειες που θα προτείνετε πέραν της δικής σας αμοιβής που έχετε ήδη συμφωνήσει με τον Δντα Σύμβουλο της HFG SA.

Στο brief που μόλις ολοκληρώθηκε, η αλυσίδα σας δήλωσε ότι το βασικό της κοινό είναι στελέχη επιχειρήσεων και επιχειρηματίες και επιθυμεί να επικοινωνήσει το concept "value-for-money" καθότι γνωρίζει από μετρήσεις και αξιολογήσεις ότι η πελατεία αντιλαμβάνεται σχετικά ακριβές τις χρεώσεις δωματίων σε σχέση με τον ανταγωνισμό, όμως οι παροχές και η ποιότητα των υπηρεσιών είναι σε πολύ πιο υψηλό επίπεδο από αυτό του ανταγωνισμού.

Η έκθεση "Τουριστικό Προφίλ" έχει διάρκεια 5 ημέρες, συμμετέχουν σε ειδικό τμήμα της ξενοδοχειακές επιχειρήσεις και ο οργανωτής διαθέτει περίπτερα (stands):

Space Only (αδόμητο-μόνο ο χώρος): €120+19% ΦΠΑ (min. 10 m^2)

Structured Stand (δομημένο-βασικές παροχές): €180+19% ΦΠΑ (min. 15 m^2)

Ready-Made Stands (πλήρως εξοπλισμένο) €220 + 19% ΦΠΑ

1. Σχεδιάζετε το motto της καμπάνιας προβολής στην Έκθεση

2. Σχεδιάζετε τις ενέργειες προβολής & επικοινωνίας με προϋπολογισμό δαπάνης για κάθε μία λαμβάνοντας υπόψη το διαθέσιμο budget των 30.000 ευρώ (δεν περιλαμβάνονται τα έξοδα μετακινήσεων και διαμονής)

3. Περιγράψετε με λεπτομέρεια το διακοσμητικό μέρος

4. Περιγράψετε τον τρόπο στελέχωσης του περιπτέρου

5. Συντάξτε το δελτίο τύπου που θα "ανεβεί" στην ιστοσελίδα σας www.hfgroup.com

Προαιρετικά στοιχεία
Όνομα ....
Επίθετο...
Επάγγελμα ....
Έτη προϋπηρεσίας στις δημόσιες σχέσεις ....
E-mail ....

ΠΡΑΚΤΙΚΗ ΠΕΡΙΠΤΩΣΗ Νο. _____

Ερώτηση 1
_____
_____
_____
_____

Ερώτηση 2
_____
_____
_____
_____

Ερώτηση 3
_____
_____
_____
_____

Ερώτηση 4
_____
_____
_____
_____

Ερώτηση 5
_____
_____
_____
_____

ΠΑΡΑΤΗΡΗΣΕΙΣ-ΣΧΟΛΙΑ
_____
_____
_____
_____
_____

13. Η δωρεά του "ΕΛΑΤΟΣ"

Το παραδοσιακό πετρόκτιστο ξενοδοχείο ΕΛΑΤΟΣ Hotel χτίστηκε το 2000 από την οικογένεια Ζαφειρίου στην άκρη της βόρειας παραλίας της Πάργας. Ο πατέρας Ζαφειρίου υπήρξε γνωστός γιατρός και εξαίρετος επιστήμων. Τα παιδιά του συνέχισαν την παράδοση και η κόρη του ανέλαβε τη Δνση του ξενοδοχείου μετά το πέρας των τουριστικών σπουδών που έκανε στην Αυστρία. Το 2007 το ξενοδοχείο ανακαινίζεται πλήρως και επιτυγχάνει να αναγνωριστεί ως 4στερο παραδοσιακό ξενοδοχείο 12μηνης λειτουργίας.

Το 2012 από το τραγικό λάθος, για το οποίο θεωρήθηκε υπεύθυνη η Δνση του ξενοδοχείου, δύο άτομα, ο συντηρητής και ο νεαρός βοηθός του έπεσαν τραγικά θύματα ηλεκτροπληξίας στη προσπάθειά τους να επισκευάσουν τα ψυγεία της κουζίνας του ξενοδοχείου

Από πέρυσι η οικογένεια Ζαφειρίου θεωρούσε ότι κάτι έπρεπε να κάνει στη μνήμη των δύο αυτών συνανθρώπων που γνώριζε από μικρά παιδιά και που η τοπική κοινωνία θυμάται μέχρι σήμερα. Η απόφαση της Κυριακής, της ιδιοκτήτριας και κόρης του ιδρυτή, ήταν να δοθεί χορηγία ύψους € 100.000.

Πριν 2 μήνες σε σύσκεψη της οικογένειας και των φίλων της ειδικών σε θέματα δημοσίων σχέσεων, παρουσιάστηκαν για συζήτηση 4 προτάσεις για χορηγία:

Η πρώτη ιδέα και σκέψη ήταν να δοθεί το ποσό στη Κοινότητα και αυτή να αποφασίσει πώς θα διαθέσει, ιδέα που δεν έτυχε και πολλής υποστήριξης

Η δεύτερη ιδέα αφορούσε την κάλυψη της δαπάνης αγοράς νοσοκομειακού οχήματος μεταφοράς ασθενών Α' βοηθειών που αρκετές φορές έχει ζητηθεί από το Κέντρο Υγείας της περιοχής

Η τρίτη ιδέα αφορούσε τη χρηματοδότηση της ανακαίνισης και εξοπλισμού του νηπιαγωγείου της περιοχής που είναι σε κακή κατάσταση

Η τέταρτη ιδέα αφορούσε την ενίσχυση της αγιογράφησης του Ι.Ν του Σωτήρος στην πόλη της Πάργας.

Χωρίς να είναι δεσμευτικές οι παραπάνω ιδέες, η Κυριακή ζητά τη γνώμη σας για τη δωρεά και για τον τρόπο επικοινωνίας της.

Συντάξτε Υπόμνημα εκθέτοντας την πρότασή σας, τεκμηριώστε τη και προϋπολογίστε τη. Στη συνέχεια, αναφέρετε τον τρόπο επικοινωνίας της δωρεάς στη τοπική κοινωνία.

Προαιρετικά στοιχεία
Όνομα ....
Επίθετο...
Επάγγελμα ....
Έτη προϋπηρεσίας στις δημόσιες σχέσεις ....
E-mail ....

ΠΡΑΚΤΙΚΗ ΠΕΡΙΠΤΩΣΗ No. _____

ΥΠΟΜΝΗΜΑ

_____
_____
_____
_____
_____
_____
_____
_____
_____
_____
_____
_____
_____
_____
_____
_____
_____
_____
_____
_____
_____
_____
_____
_____
_____
_____
_____
_____
_____
_____
_____

ΠΑΡΑΤΗΡΗΣΕΙΣ-ΣΧΟΛΙΑ

_____
_____
_____
_____
_____

14. Ο καφές που... αναστατώνει!

Ο Δ. Δημητριάδης, Διευθυντής του ξενοδοχείου Executive Corner Hotel στο κέντρο της Θεσσαλονίκης έλαβε σήμερα την παρακάτω επιστολή:

Beauty & More Ltd Athens Greece

Από: *Άννα Κ*
         Δντρια Πωλήσεων
         Αθήνα

Προς: *Ξενοδοχείο Executive Corner Hotel*
         Θεσσαλονίκη
         Υπόψη: Γενικού Διευθυντή

Αξιότιμε κύριε Διευθυντά

Ονομάζομαι Άννα Κ. και κατέχω τη θέση της Διευθύντριας Πωλήσεων της εταιρείας καλλυντικών Beauty & More Ltd.

Πριν 2 εβδομάδες, συγκεκριμένα την 1η Οκτωβρίου, έτυχε να βρεθώ στη περιοχή σας για επαγγελματικούς λόγους και να διανυκτερεύσω στο ξενοδοχείο σας. Μπορείτε εύκολα να διαπιστώσετε τις λεπτομέρειες της διαμονής μου (ημερομηνίες, αριθμό δωματίου, κ.α.)

Η επιλογή μου να διαμείνω στο ξενοδοχείο σας βασίστηκε στη πολύ θετική σύσταση συναδέλφου μου που έμεινε πολύ ικανοποιημένος όταν και αυτός διανυκτέρευσε σε εσάς πριν μερικές εβδομάδες.

Δυστυχώς βρίσκομαι στη δυσάρεστη θέση να σας πληροφορήσω ότι έζησα μία δυσάρεστη εμπειρία παρά τη χρέωση των €105 με πρωινό !

Πιο συγκεκριμένα σας αναφέρω το σημείο που με δυσαρέστησε αφάνταστα, αν και είχα σκεφθεί να μη το αναφέρω και απλά να μην επανέλθω στο ξενοδοχείο σας, που κατά τα άλλα γενικά μου άρεσε.

Συγκεκριμένα λοιπόν, στο πληροφοριακό έντυπο στο δωμάτιό μου αναφέρονταν οι ώρες που σερβίρεται το πρωινό σας όπου είναι σαφές ότι αυτό διαρκεί από τις 07:30 μέχρι τις 11:00. Την ημέρα/ πρωί της αναχώρησής μου έτυχε να προσέλθω για πρωινό στις 10:55 Προς έκπληξή μου διαπίστωσα ότι οι σερβιτόροι είχαν ήδη αποσύρει τα πρωινά από τον μπουφέ και στην ερώτησή μου αν θα μπορούσα να έχω τουλάχιστον ένα ζεστό καφέ με 2-3 βουτήματα, η απάντηση ήταν ότι θα μπορούσα να παραγγείλω καφέ στη καφετέρια του ισογείου δίπλα από την Υποδοχή! Φυσικά παράγγειλα το καφέ μου στο μπάρ και χρεώθηκα εξτρά!

Καταλαβαίνετε ότι δεν τίθεται θέμα για τα € 3.80 που πλήρωσα επιπλέον για τον καφέ, αλλά για την έλλειψη συνέπειας στη λειτουργία του εστιατορίου και το γεγονός ότι μου χάλασε τη διάθεση πριν τα επαγγελματικά ραντεβού της ημέρας εκείνης.

Πιθανά να θεωρήσετε "λεπτομέρεια" αυτό το παράπονο, αλλά προσω-πικά πιστεύω ότι λεπτομέρειες κάνουν τη διαφορά ειδικά όταν οι χρεώσεις επικοινωνούν την ποιότητα των υπηρεσιών που προσφέρετε. Δεν σας κρύβω ότι έχω συζητήσει το γεγονός με τον συνάδελφο που με προέτρεψε να σας προτιμήσω.

Ελπίζω με την επιστολή μου να σας βοηθήσω να βελτιωθείτε

Φιλικά
Άννα Κ.
Δντρια Πωλήσεων
Beauty & More Ltd
Λεωφ. Πεντέλης 233
Αθήνα

Η επιστολή αυτή έφθασε στα γραφεία της εταιρείας χθες το πρωί και έκανε έξαλλο τον Δντή του ξενοδοχείου Executive Corner Hotel στη Θεσσαλονίκη. Παρότι ο Δντής συνηθίζει να χειρίζεται παράπονα πελατών, το γεγονός ότι η εταιρεία που εργάζεται η συγκεκριμένη πελάτισσα είναι μία μεγάλη εταιρεία και υποψήφιος εταιρικός πελάτης, ο Δντής παρέπεμψε το χειρισμό σε εσάς που έχετε γνώσεις δημοσίων σχέσεων.

Εσείς έχοντας πράγματι διαπιστώσει και διασταυρώσει την ορθότητα των στοιχείων που αναφέρει η πελάτης και αφού συνεννοηθείτε με τον Δντή του ξενοδοχείου αναλαμβάνετε να συντάξετε την απαντητική επιστολή. Πώς θα χειριστείτε την υπόθεση;

Beauty & More Hellas Ltd
Η εταιρεία είναι Γαλλική πολυεθνική εταιρεία ανδρικών, γυναικείων και παιδικών καλλυντικών με καταστήματα σε 8 χώρες της Ευρώπης. Η Beauty & More Hellas Ltd ξεκίνησε τη λειτουργία της στην Ελλάδα πρίν 1 χρόνο και εδρεύει στην Αθήνα (Λεωφ. Πεντέλης). Η Άννα Κ., Δντρια Πωλήσεων, έμπειρο στέλεχος ανέλαβε τη δραστηριοποίηση της εταιρείας και τη προώθηση των προϊόντων της στη Β. Ελλάδα.

Προαιρετικά στοιχεία

Όνομα ....

Επίθετο...

Επάγγελμα ....

Έτη προϋπηρεσίας στις δημόσιες σχέσεις ....

E-mail ....

ΠΡΑΚΤΙΚΗ ΠΕΡΙΠΤΩΣΗ Νο. ____

Αγαπητή κυρία Άννα Κ......

_____
_____
_____
_____
_____
_____
_____
_____
_____
_____
_____
_____
_____
_____
_____
_____
_____
_____
_____
_____
_____
_____
_____
_____
_____
_____
_____
_____

ΠΑΡΑΤΗΡΗΣΕΙΣ-ΣΧΟΛΙΑ

_____
_____
_____
_____
_____
_____

15. "We enjoy Europe together!"

Η γνωστή ξενοδοχειακή αλυσίδα PRIAMUS ΑΕ, Ελληνο-κυπριακών συμφερόντων πέτυχε μία τεράστιας σημασίας στρατηγική συνεργασία που πιστεύεται ότι θα κάνει "πάταγο" στη τουριστική αγορά της Ευρώπης.

Η αλυσίδα λειτουργεί 4 μονάδες δύναμης 1920 κλινών σε Αθήνα, Θεσσαλονίκη, Ρόδο και Λευκωσία.

Η συμφωνία αφορά τη συνεργασία με τη νέα αεροπορική εταιρεία British Ambassador Air βρετανικών συμφερόντων, την εταιρεία ενοικίασης αυτοκινήτων Wheelo Rent-A-Car, την Ολλανδική ταξιδιωτική ασφαλιστική εταιρεία TourInsure Ltd και τη πιστωτική κάρτα SUNCREDIT

Μεταξύ άλλων, η συνεργασία που ονομάστηκε "We Enjoy Europe Together" προβλέπει τη δημιουργία πακέτων διακοπών που προβλέπει εκπτώσεις στους πελάτες που χρησιμοποιούν τη πιστωτική κάρτα SunCredit ασφαλίζονται στην TourInsure, ενοικιάζουν αυτοκίνητο από τη Wheelo, πετούν με την Ambassador Air και διαμένουν σε ένα από τα ξενοδοχεία της PRIAMUS σε Ελλάδα και Κύπρο. Βέβαια υπάρχουν και άλλες αντίστοιχες συμφωνίες στο "κομμάτι" της διαμονής των εταιρειών αυτών με άλλες ξενοδοχειακές αλυσίδες σε άλλες ευρωπαϊκές χώρες.

Η PRIAMUS πέτυχε την αποκλειστική συμφωνία για την Ελλάδα και την Κύπρο. Το "πακέτο" των κατόχων της SunCredit Card περιλαμβάνει:

Έκπτωση 20% σε κρατήσεις δωματίων της Priamus σε Ελλάδα και Κύπρο για κρατήσεις που πραγματοποιούνται 5 εβδομάδες πριν την ημερομηνία διαμονής

Έκπτωση 15% στα αεροπορικά εισητήρια με επιστροφή εντός Ευρώπης και ταξιδιωτική ασφάλιση με αποζημίωση σε περίπτωση απώλειας αποσκευών για την οποία ευθύνεται η ......

Έκπτωση 30% στην ενοικίαση αυτοκινήτου από την Wheelo ανεξαρτήτως κυβισμού και χρονικής περιόδου

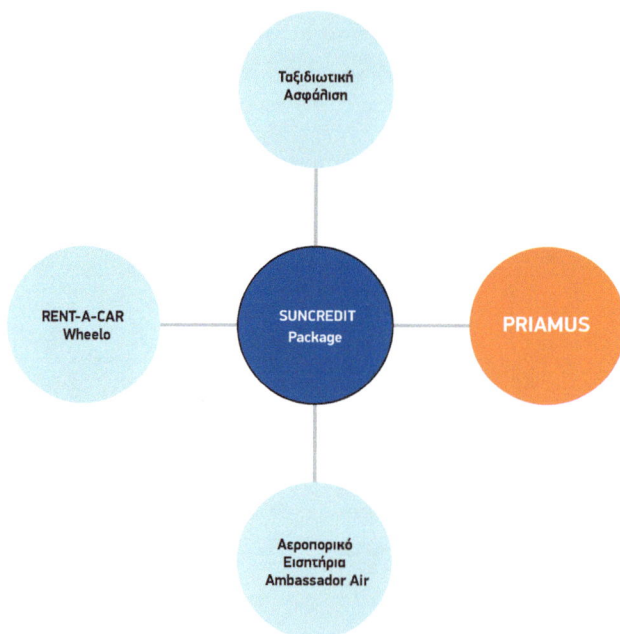

Η νέα μεγάλη συμφωνία απαιτείται να επικοινωνηθεί στην ελληνική και κυπριακή αγορά και η εταιρεία σας αναλαμβάνει να το κάνει σε πρώτη φάση ΧΩΡΙΣ περιορισμό κόστους. Η καμπάνια προβολής και δημοσίων σχέσεων χρηματοδοτείται εν μέρει από το σύνολο των συνεργαζόμενων εταιρειών, οπότε το ζητούμενο είναι να σχεδιαστεί ένα 2ετές πρόγραμμα επικοινωνίας παράλληλα με αυτό της διαφήμισης στα ΜΜΕ- που πρόκειται να υλοποιηθεί στην Ελλάδα και Κύπρο.

H PRIAMUS SA

UNIΘ	LΩCAΘIΩN	Bedσ	Categor	Yearσ oφoπeration
Priamuσ Athenσ	Athenσ	700	4-σtar	11
Priamuσ Excluσive	Athenσ	220	Luxury	9
Priamuσ Claσσic	Θheσσaloniki	404	Luxury	6
Priamuσ Rhodeσ	Rhodeσ	328	4-σtar	5
Priamuσ Nicoσia	Nicoσia	611	4-σtar	10

Εσείς καλείστε να συνθέσετε ένα 2ετές πρόγραμμα με ενέργειες ΑΜΙΓΩΣ δημοσίων σχέσεων και τις καταθέτετε στη Priamus με στόχο την επικοινωνία της συμφωνίας "We Enjoy Europe Together" Παράλληλα, συντάξτε και draft του δελτίου τύπου που θα δοθεί για δημοσίευση στον ελληνικό και κυπριακό τουριστικό Τύπο, έντυπο και ηλεκτρονικό

Προαιρετικά στοιχεία
Όνομα ....
Επίθετο..
Επάγγελμα ....
Έτη προϋπηρεσίας στις δημόσιες σχέσεις ....
E-mail ....

ΠΡΑΚΤΙΚΗ ΠΕΡΙΠΤΩΣΗ Νο. _____

Πρόγραμμα με ενέργειες ΑΜΙΓΩΣ δημοσίων σχέσεων για το πρόγραμμα "We Enjoy Europe Together" της Priamus

_____
_____
_____
_____
_____
_____
_____
_____
_____
_____
_____
_____
_____
_____
_____
_____
_____
_____
_____
_____
_____
_____
_____
_____
_____
_____
_____
_____

ΠΑΡΑΤΗΡΗΣΕΙΣ-ΣΧΟΛΙΑ

_____
_____
_____
_____
_____
_____

16. Η ρωσική επίσκεψη στο Cretan Treasure Resort

Η νέα "εκκολαπτόμενη" συνεργασία με τον πλέον αναπτυσσόμενο Ρώσο tour operator Pushkin International Travel που εδρεύει στη Μόσχα πρόκειται να αποβεί εντυπωσιακά κερδοφόρα για το ξενοδοχείο Cretan Treasure Resort Hotel που λειτουργεί 5 χλμ μακριά από το κέντρο της Χερσονήσου στο Ηράκλειο της Κρήτης. Η μονάδα πρωτολειτούργησε το 1999, είναι 5στερη, διαθέτει πλήρεις εγκαταστάσεις διαμονής, σίτισης, ψυχαγωγίας και άθλησης, πρόσφατα πιστοποιήθηκε από την TUV Γερμανίας, διαθέτει 340δωμάτια και 20 σουΐτες (συνολικά 740 κλίνες).

Οι επαφές με τους Ρώσους έγιναν κατά τη διάρκεια της διεθνούς έκθεσης Τουρισμού της Μόσχας και τελικά στέφθηκαν με επιτυχία. Στο πλαίσιο της επικείμενης συνεργασίας κανονίστηκε η επίσκεψη τεσσάρων μελών του Ρωσικού Πρακτορείου στη Κρήτη και τις εγκαταστάσεις του Cretan Treasure. Επικεφαλής της ομάδας είναι ο International Contract Manager, Ivan Charkov. Η επίσκεψη είναι σημαντική για την περαιτέρω υπογραφή της συμφωνίας και η Δνση της εταιρείας επιθυμεί η φιλοξενία των Ρώσων να οργανωθεί στην εντέλεια.

Οι πληροφορίες που έχετε είναι οι εξής:
Άτομα (επισκέπτες):
4 (2 άνδρες + 2 γυναίκες)
Ημερομηνία άφιξης στο Ηράκλειο (αεροδρόμιο):
1 Σεπτεμβρίου - ώρα 19:00
Ημερομηνία αναχώρησης από το ίδιο αεροδρόμιο:
5 Σεπτεμβρίου - ώρα 20:00
Γλώσσα επικοινωνίας: Αγγλική

Οι πληροφορίες σας λένε ότι από τους 4 επισκέπτες, οι 3, μεταξύ αυτών και ο επικεφαλής της ομάδας, έρχονται για πρώτη φορά στη Κρήτη.

CRETAN TREASURE RESORT HOTEL Προφίλ

Λειτουργία	Ιούνιος-Νοέμβριος
Έτος ίδρυσης της εταιρείας	1999
Πρώτο έτος λειτουργίας	2000
Νομική Μορφή	Α.Ε.
Τοποθεσία	Χερσόνησος Ηρακλείου Κρήτης
Κατηγορία	LUX *****
Δωμάτια	880
Κλίνες	1500
Προσωπικό (full/part time)	450
Εγκαταστάσεις/Υπηρεσίες	2 εστιατόρια-2 κουζίνες
	1 παραδοσιακή (εξωτερική)
	ταβέρνα, 2 μπάρ
	Πισίνα εξωτερική
	Παιδική εξωτερική πισίνα
	Παιδική χαρά
	Μίνι μάρκετ
	Κοσμηματοπωλείο
	Μίνι γκόλφ
	Οργανωμένη παραλία
	Αίθουσα πολλαπλών χρήσεων
	Internet corner
	Κομμωτήριο
	Room service
	Ομάδα animation
Αγορά (βασική) που απευθύνεται	Οικογένειες /Νεαρά Ζευγάρια
	από Β. Ευρώπη
Σύνθεση πελατείας	Γαλλία 30%, Δανία 18%,
(2 τελευταία χρόνια)	Πολωνία 12%, Τσεχία 8%,
	Ελλάδα 10%, Λοιπή 22%
Θέση στο Trip Advisor (Χερσόνησος)	#9
Διακρίσεις	Γαλάζια Σημαία συνεχώς
	τα τελευταία 4 χρόνια
Ιστοσελίδα	www.crtreasure.com

1. Συντάξτε ΛΕΠΤΟΜΕΡΩΣ το πρόγραμμα φιλοξενίας από την ημέρα & ώρα άφιξης μέχρι και την αναχώρηση για να το καταθέσετε στη Δνση και να ενημερωθούν οι εμπλεκόμενοι.

2. Σχεδιάστε το Inspection Tour εντός του συγκροτήματος.

3. Προτείνετε το εταιρικό δώρο που θα προσφέρετε όπως συνηθίζεται από τις φιλοξενίες ξένων συνεργατών του Cretan Treasure.

Ιδιαίτερο στοιχείο/Παρατηρήσεις
Προγραμματίζεται ανακαίνιση πισίνας και ταβέρνας για τον επόμενο χειμώνα

Προαιρετικά στοιχεία
Όνομα ....
Επίθετο...
Επάγγελμα ....
Έτη προϋπηρεσίας στις δημόσιες σχέσεις ....
E-mail ....

ΠΡΑΚΤΙΚΗ ΠΕΡΙΠΤΩΣΗ Νο. _____

πρόγραμμα φιλοξενίας

_____
_____
_____
_____
_____
_____
_____
_____

Inspection Tour

_____
_____
_____
_____
_____
_____
_____
_____

εταιρικό δώρο

_____
_____
_____
_____
_____
_____
_____
_____

ΠΑΡΑΤΗΡΗΣΕΙΣ-ΣΧΟΛΙΑ

_____
_____
_____
_____
_____
_____
_____

17. Το newsletter του Athenian Tower Inn

Το νέο πολυτελές συγκρότημα Athenian Tower Inn ξεκίνησε τη λειτουργία του σε τοποθεσία που απέχει 8 χλμ από το διεθνές αεροδρόμιο Ελ. Βενιζέλος της Αθήνας, επί της Αττικής Οδού. Το ξενοδοχείο, που είναι και συνεδριακό κέντρο υψηλών προδιαγραφών, διαθέτει 300 δωμάτια διαφόρων τύπων, δύο θεματικά εστιατόρια, δύο bar, 4 αίθουσες συνεδρίων, εσωτερικές θερμαινόμενες πισίνες, spa, sauna, εκθεσιακό χώρο, business utility corner, κ.α.

Στο πλαίσιο του δυναμικού του μάρκετινγκ, έχει αποφασιστεί η δημιουργία ενός εντύπου και ενός ηλεκτρονικού newsletter που

• θα προβάλει διάφορες δραστηριότητες της επιχείρησης,
• θα έχει πληροφοριακό χαρακτήρα
   και προφανώς
• θα διαμορφώνει τη σύγχρονη και αναπτυξιακή εικόνα του ξενοδοχείου, των ανέσεων που προσφέρει, του προσανατολισμού του στην ποιότητα και customer care, την προσήλωσή του σε ενέργειες κοινωνικής προσφοράς.

Η Δνση του ξενοδοχείου σας επέλεξε μεταξύ άλλων να προτείνετε τη θεματολογία του newsletter.

1. Μελετήστε αντίστοιχα ηλεκτρονικά και έντυπα newsletter άλλων ομοειδών ξενοδοχείων (όπως για παράδειγμα αυτά των γνωστών αλυσίδων Aldemar, Grecotel, Mareblue, Iberostar, Aquila)

2. Δώστε όνομα στο newsletter και προτείνετε

• τα περιεχόμενα του έντυπου newsletter με βάση στο οποίο θα σχεδιαστεί μετέπειτα και το ηλεκτρονικό
• αριθμό σελίδων και μέγεθος

Δικαιολογήστε τις επιλογές σας

Προαιρετικά στοιχεία

Όνομα ....

Επίθετο...

Επάγγελμα ....

Έτη προϋπηρεσίας στις δημόσιες σχέσεις ....

E-mail ....

ΠΡΑΚΤΙΚΗ ΠΕΡΙΠΤΩΣΗ No. _____

περιεχόμενα του έντυπου newsletter

αριθμός σελίδων και μέγεθος

ΠΑΡΑΤΗΡΗΣΕΙΣ-ΣΧΟΛΙΑ

18. Το δελτίο τύπου του Lobster Magic

ΔΕΛΤΙΟ ΤΥΠΟΥ 1 άμεση προβολή

Το εστιατόριο **Lobster Magic** (Αδ. Κοραή 212, Άνω Γλυφάδα) της γνωστής αλυσίδας εστιατορίων LOBSTER CANADA Ltd Καναδικών συμφερόντων, που λειτουργεί από το 2004, πρόκειται να αναστατώσει το κοινό της Αθήνας ! Το εστιατόριο ξεκινά τη συνεργασία του με τον διεθνούς φήμης νεαρό **σεφ Juan Felippe**, Κοσταρικανό στη καταγωγή σέφ που στο πρόσφατο παρελθόν βραβεύτηκε για τη μαγειρική του τέχνη στα θαλασσινά από τα περισσότερα έγκυρα εξειδικευμένα με το φαγητό περιοδικά σε όλο τον κόσμο, συμπεριλαμβανομένων των INTERNATIONAL CUISINE Magazine, SEAFOOD DELICACIES, COOKING INC., INSIDE THE KITCHEN, κ.α. Ο Chef Felippe με την αξιόλογη εξέλιξη του οποίου ασχολήθηκαν τηλεοπτικά κανάλια όπως το

Αμερικανικό WCBL Channel και το Καναδικό κανάλι Food Channel 2, παρουσιάζει το νέο του μενού στο Lobster Magic με πρωτότυπα πιάτα τα περισσότερα των οποίων αφορούν ποικίλους τρόπους μαγειρέματος και

παρουσίασης του αστακού. Το νέο μενού του Lobster Magic πρόκειται να είναι στη διάθεση των καλοφαγάδων πελατών τον επόμενο μήνα. Η συνεργασία του εστιατορίου με τον καταξιωμένο διεθνώς σεφ αποτελεί μία πρώτης τάξεως ευκαιρία προβολής του αλλά και ενίσχυσης της "εικόνας" του στο χώρο της ποιοτικής εστίασης. Ο ταλαντούχος σεφ πρόκειται να μαγειρεύει για τους Έλληνες πελάτες του για τους επόμενους τρείς μήνες πριν επιστρέψει στο Τορόντο του Καναδά όπου εργάζεται μόνιμα.

Εσείς, συνεργάτης επικοινωνίας της Lobster Canada Ltd, αναλαμβάνετε να χειριστείτε επικοινωνιακά το γεγονός με διάφορες ενέργειες. Ο Δντής του εστιατορίου, Ελληνοκαναδός Nicolas Lemos σας ζητά, ως πρώτη και αναγκαία κίνηση, την ενημέρωση του Τύπου (εφημερίδες, περιοδικά, ιντερνετ) σχετικά με το γεγονός. Για το λόγο αυτό:

---

1. Συντάξτε το Δελτίο Τύπου που θα αποσταλεί στα εξειδικευμένα περιοδικά χρησιμοποιώντας τις πληροφορίες που ήδη έχετε. Στη σύνταξη του ΔΤ χρησιμοποιείστε τη δημιουργική σας φαντασία ώστε το ΔΤ να είναι πληροφοριακό, αλλά και συγχρόνως ελκυστικό για δημοσίευση.

2. Συντάξτε ΛΙΣΤΑ από τους συγκεκριμένους αποδέκτες του Δελτίου Τύπου (π.χ. περιοδικό "Λιχουδιές", περιοδικό "Γαστρονόμος", κλπ που θα σταλεί)

H Lobster Canada Ltd εδρεύει στο Τορόντο του Καναδά (1212, St.James Str., Toronto 1C3 B2)

Προαιρετικά στοιχεία
Όνομα ....
Επίθετο...
Επάγγελμα ....
Έτη προϋπηρεσίας στις δημόσιες σχέσεις ....
E-mail ....

ΠΡΑΚΤΙΚΗ ΠΕΡΙΠΤΩΣΗ Νο. ____

ΔΕΛΤΙΟ ΤΥΠΟΥ

ΛΙΣΤΑ ΑΠΟΔΕΚΤΩΝ

ΠΑΡΑΤΗΡΗΣΕΙΣ-ΣΧΟΛΙΑ

19. "Η καταιγίδα"

ΔΕΛΤΙΟ ΤΥΠΟΥ 2 έμμεση προβολή

Το ATHENS OLD TOWN ART INN που ανήκει στην εταιρεία, ATHENS OLD TOWN HOTELS SA, είναι ένα παλαιό μικρό μπουτίκ ξενοδοχείο που λειτουργεί στη περιοχή της Πλάκας (παλαιά πόλη της Αθήνας, πλησίον της Αρχαίας Αγοράς). Το ξενοδοχείο ανήκει στη κατηγορία Lux, παρότι μικρό, διαθέτει μόλις 22 δωμάτια, αποτελεί χώρο συνάντησης ανθρώπων της Τέχνης. Διαθέτει ένα πλήρως εξοπλισμένο χώρο όπου εκτίθενται έργα τέχνης και ένα "ζεστό" χώρο εστιατορίου-μπάρ όπου συχνάζουν και δειπνούν καλλιτέχνες, ζωγράφοι, συγγραφείς, κριτικοί τέχνης, και άλλοι.

Σε 2 μήνες από σήμερα, 1η Οκτωβρίου, η Αίθουσα *Ερατώ* του Athens Old Town Art Inn πρόκειται να φιλοξενήσει για 5 εβδομάδες την έκθεση του γνωστού 60χρονου Ιταλού φωτογράφου από τη Φλωρεντία, Carlo Rossi με θέμα "Καταγίδα σαν Όνειρο" Ο καλλιτέχνης πρόκειται να εκθέσει 22 έργα του μεταξύ των οποίων και τη διεθνώς γνωστή του φωτογραφική δουλειά Η " Καταγίδα σαν Όνειρο", έργο που έχει εκτεθεί σε περισσότερες από 40 διεθνείς εκθέσεις σε Ευρώπη, Ασία και ΗΠΑ. Τα εγκαίνια της έκθεσης έχουν προγραμματιστεί για τις

12 Δεκεμβρίου και η είσοδος είναι ελεύθερη για το κοινό.

Ως υπεύθυνος επικοινωνίας του ξενοδοχείου σκοπεύετε να αξιοποιήσετε το γεγονός και να το εκμεταλλευτείτε επικοινωνιακά ενισχύοντας την "εικόνα" του ξενοδοχείου, διατηρώντας την καλή του φήμη και σχέση με τους ανθρώπους της Τέχνης και φυσικά να αυξήσετε τις πωλήσεις σας στο μέλλον.

Με βάση τις πληροφορίες που έχετε συντάξτε το Δελτίο Τύπου που πρόκειται να αποσταλεί στα ΜΜΕ και ιδιαίτερα στον εξειδικευμένο Τύπο που ασχολείται με τη Τέχνη

Προαιρετικά στοιχεία

Όνομα ....

Επίθετο ....

Επάγγελμα ....

Έτη προϋπηρεσίας στις δημόσιες σχέσεις ....

E-mail ....

ΠΡΑΚΤΙΚΗ ΠΕΡΙΠΤΩΣΗ Νο. _____

ΔΕΛΤΙΟ ΤΥΠΟΥ

ΠΑΡΑΤΗΡΗΣΕΙΣ-ΣΧΟΛΙΑ

20. Το σκωτσέζικο ντούs

Το Executive Business Boutique Hotel βρίσκεται πολύ κοντά στο City του Λονδίνου, με πελατολόγιο την "αφρόκρεμα" της παγκόσμιας εταιρικής ελίτ από ΗΠΑ, Ιαπωνία, Ηνωμένο Βασίλειο και άλλες ευρωπαϊκές χώρες. Οι πελάτες κατά 99% είχαν και έχουν επιβεβαιωμένη κράτηση από την εταιρεία τους η από επίλεκτα πρακτορεία που ασχολούνται με Business Travelling υψηλόβαθμων στελεχών. Χαρακτηριστικό ήταν ότι για να δώσει δωμάτιο ο προϊστάμενος Υποδοχής σε πελάτη passant έπρεπε να πάρει την έγκριση του Διευθυντή ανεξαρτήτως πληρότητας.

Οι ιδιοκτήτες ήταν επιχειρηματίες οι οποίοι αναφέρονταν στις δέκα πρώτες θέσεις της λίστας των πλουσιότερων ανθρώπων της Μεγάλης Βρετανίας και η παρουσία τους στο ξενοδοχείο ήταν σχεδόν καθημερινή για συναντήσεις με αντίστοιχους επιχειρηματίες, πολιτικούς και ανθρώπους με πολιτική η οικονομική ισχύ άλλα χωρίς να έχουν ανάμειξη στην καθημερινή διοίκηση, η παρουσία τους όμως συνέτεινε ώστε άπαντες να είναι σε εγρήγορση και να δείχνουν το καλύτερό τους εαυτό.

Το κεντρικό εστιατόριο από Δευτέρα έως Παρασκευή κατά την διάρκεια του πρωινού και γεύματος ήταν πλήρες όχι μόνο από πελάτες του ξενοδοχείου άλλα και από στελέχη εταιρειών που το προτιμούσαν για το τερπνόν μετά του ωφελίμου η το γνωστό Business with Pleasure. Το εστιατόριο του ξενοδοχείου είχε ψηφιστεί από έγκριτη εφημερίδα ότι είχε το καλύτερο Business Breakfast του Λονδίνου. Απαραίτητη προϋπόθεση για την είσοδο στο εστιατόριο ήταν κουστούμι και γραβάτα μηδενός εξαιρουμένου.

Σε ένα ξενοδοχείο που η μοναδική βλάβη ρουτίνας ήταν η αλλαγή λαμπτήρων και με ένα μηχανοστάσιο/λεβητοστάσιο φροντισμένο σαν χώρος υποδοχής, έσκασε σαν βόμβα, όταν πελάτης τηλεφώνησε στην υποδοχή στις 07.00 το πρωί, διατυπώνοντας παράπονα για έλλειψη ζεστού νερού και φυσικά μετά επακολουθήσαν και άλλα παρόμοια τηλεφωνήματα.

Η βλάβη αποκαταστάθηκε σχεδόν άμεσα, διότι ήταν απλά η ρύθμιση ενός χρονοδιακόπτη άλλα η θέρμανση του νερού απαιτούσε χρόνο, οπότε και οι επόμενοι πελάτες αντιμετώπισαν το ίδιο πρόβλημα. Επίσης η συγκυρία ότι όλοι σχεδόν ήταν στο Λονδίνο για κάποια επιχειρηματική συνάντηση νωρίς το πρωί που απαιτούσε την πλήρη αφοσίωση, γαλήνη και ηρεμία για να επιτύχουν το αναμενόμενο αποτέλεσμα. Είναι λοιπόν κατανοητό πόσο σημαντικό ήταν για αυτούς να νοιώθουν και να δείχνουν φρέσκοι και έτοιμοι για όλα. Στο σύνηθες γκρίζο και βροχερό Λονδίνο εντελώς συμπτωματικά ήταν μια ανοιξιάτικη ηλιόλουστη ημέρα, που βοήθησε κατά κάποιο τρόπο ώστε να μετριάσει την αρνητική ατμόσφαιρα άλλα όχι να την εξευμενίσει.

Ο Γενικός Διευθυντής άμεσα έλαβε δράση και ήταν παρών στην υποδοχή σε περίπτωση έντονης διαμαρτυρίας και η πρώτη πράξη καλής θέλησης ήταν ότι η διανυκτέρευση δεν θα χρεωνόταν και το πρωινό που ήταν επιπλέον, επίσης χωρίς χρέωση. Όσοι εκ των πελατών είχαν αναχωρήσει νωρίτερα και είχαν πληρώσει στάλθηκε γράμμα απολογίας, στην εταιρεία τους ότι η επομένη διανυκτέρευση θα ήταν χωρίς χρέωση. Ανεξαρτήτως παραπόνων, ουδείς πελάτης χρεώθηκε για την διανυκτέρευση, με μια πληρότητα άνω του 80%, σε σύνολο 135 δωματίων και με ημερήσια χρέωση της τάξης των 200 λιρών Αγγλίας το 1990 για μια νύχτα διαμονής χωρίς πρωινό. Κρίνοντας εκ των υστέρων το σύνολο των παραπόνων ήταν σε ένα ποσοστό του 15% και υπήρξαν πελάτες που ούτε καν το αντιλήφτηκαν ότι συνέβη με αποτέλεσμα στην αναχώρηση να επιμένουν ότι δεν εντόπισαν το πρόβλημα και θεωρούσαν δίκαιο ότι έπρεπε να πληρώσουν το αντίτιμο.

Σε συνέχεια των ανωτέρω ενεργειών η υπεύθυνη δημοσίων σχέσεων οργάνωσε cocktail dinner evening με προσκεκλημένους από όλες τις συνεργα-ζόμενες εταιρείες με έδρα το Λονδίνο, προσκαλώντας όσους είχαν συμμετάσχει στις κρατήσεις δωματίων για τα στελέχη της εταιρείας τους, όπως γραμματείς, υπεύθυνοι/ες δημοσίων σχέσεων άλλα και από συνεργαζόμενα πρακτορεία.

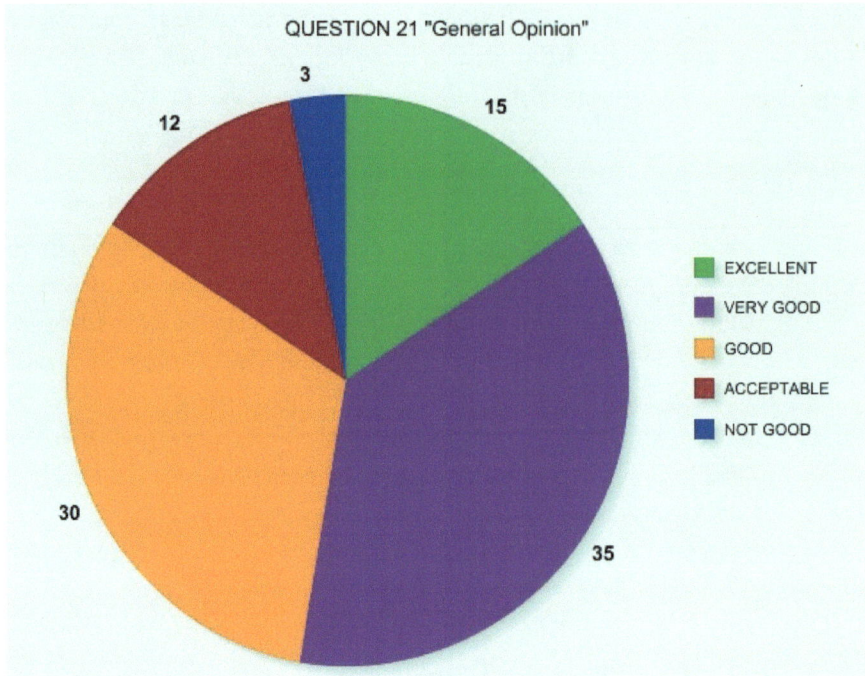

QUESTION 21 "General Opinion"

Legend	
🟩	EXCELLENT
🟪	VERY GOOD
🟧	GOOD
🟥	ACCEPTABLE
🟦	NOT GOOD

Θεωρείτε υπερβολική την ενέργεια της διεύθυνσης του Executive Business Boutique Hotel; Εξηγήστε και τεκμηριώστε την απάντησή σας.

Η πρακτική περίπτωση αποτελεί πραγματικό περιστατικό.

Προαιρετικά στοιχεία

Όνομα ....

Επίθετο...

Επάγγελμα ....

Έτη προϋπηρεσίας στις δημόσιες σχέσεις ....

E-mail ....

ΠΡΑΚΤΙΚΗ ΠΕΡΙΠΤΩΣΗ No. _____

ΠΑΡΑΤΗΡΗΣΕΙΣ-ΣΧΟΛΙΑ

Παράρτημα 1

Παράρτημα 1
ΚΩΔΙΚΕΣ ΔΕΟΝΤΟΛΟΓΙΑΣ

Α. ΣΕΤΕ (1995) όπως αναφέρεται στην ιστοσελίδα του Συνδέσμου
ΚΑΝΟΝΕΣ ΔΕΟΝΤΟΛΟΓΙΑΣ ΤΟΥ ΣΥΝΔΕΣΜΟΥ ΕΛΛΗΝΙΚΩΝ ΤΟΥΡΙΣΤΙΚΩΝ ΕΠΙΧΕΙΡΗΣΕΩΝ

ΚΕΦΑΛΑΙΟ ΠΡΩΤΟ
ΓΕΝΙΚΕΣ ΑΡΧΕΣ

I.1. Ο ΣΥΝΔΕΣΜΟΣ ΕΛΛΗΝΙΚΩΝ ΤΟΥΡΙΣΤΙΚΩΝ ΕΠΙΧΕΙΡΗΣΕΩΝ ("ΣΕΤΕ") και τα μέλη του δεσμεύονται να τηρούν υψηλούς κανόνες δεοντολογίας προς το συμφέρον του συνόλου των ελληνικών τουριστικών επιχειρήσεων, αλλά και για την προαγωγή του ελληνικού τουρισμού γενικότερα.

I.2. Η θέσπιση Κανόνων Δεοντολογίας και συμπεριφοράς για την προστασία του καταναλωτή και τη διαφύλαξη του ποιοτικού επιπέδου των τουριστικών επιχειρήσεων καθώς και του πνεύματος συνεργασίας μεταξύ των μελών του ΣΕΤΕ αποτελεί καταστατικό σκοπό του Συνδέσμου η εκπλήρωση του οποίου είναι καθήκον των μελών του ΣΕΤΕ.

I.3. Οι κανόνες του παρόντος Κώδικα Δεοντολογίας συμφωνούνται ως δεσμευτικοί για τα μέλη του ΣΕΤΕ τόσο ως προς τις σχέσεις τους προς το κοινό και τους συναλλασσόμενους όσο και ως προς τις σχέσεις των μελών με τον ΣΕΤΕ και μεταξύ τους.

I.4. Ο ΣΕΤΕ έχει δικαίωμα ελέγχου των μελών του σχετικά με την τήρηση των διατάξεων του Καταστατικού καθώς και των κανόνων του παρόντος Κώδικα Δεοντολογίας. Σύμφωνα με το Καταστατικό του ΣΕΤΕ κάθε παράβαση της νομοθεσίας για τα σωματεία καθώς και κάθε άλλη παράβαση των διατάξεων του Καταστατικού και των Κανόνων Δεοντολογίας αποτελούν πειθαρχικό παράπτωμα έναντι του Συνδέσμου και επισύρουν προσωρινή ή οριστική αποβολή από τον ΣΕΤΕ εφ'όσον αποφασίσει σχετικά η Γενική Συνέλευση ύστερα από πρόταση του Διοικητικού Συμβουλίου.

I.5. Τα μέλη του ΣΕΤΕ κατά την άσκηση της επιχειρηματικής τους δραστηριότητας αναλαμβάνουν να τηρούν τις αρχές της νομιμότητας, της ακεραιότητας, της αξιοπρέπειας και της αλληλεγγύης με στόχο την προσφορά τουριστικών υπηρεσιών υψηλού επιπέδου καθώς και την ανάπτυξη πνεύματος αμοιβαίας υποστηρίξεως μεταξύ των μελών του ΣΕΤΕ, σύμφωνα με το Καταστατικό του Συνδέσμου.

ΚΕΦΑΛΑΙΟ ΔΕΥΤΕΡΟ
ΣΧΕΣΕΙΣ ΤΩΝ ΜΕΛΩΝ ΤΟΥ ΣΕΤΕ ΠΡΟΣ ΤΟ ΚΟΙΝΟ

ΙΙ.1. Οι επιχειρήσεις-μέλη του ΣΕΤΕ κατά την άσκηση της επιχειρηματικής τους δραστηριότητας αναλαμβάνουν να τηρούν πέραν της αυτονόητης αρχής της νομιμότητας και τις παρακάτω γενικές αρχές και να εκπαιδεύουν ανάλογα τους συνεργάτες τους σε αυτές: 1. Σεβασμός και φιλοφρόνηση προς τον πελάτη. 2. Σεβασμός και φροντίδα για το φυσικό και πολιτιστικό περιβάλλον. 3. Γνώση, διατήρηση και προβολή της ελληνικής και τοπικής παράδοσης. 4. Υπευθυνότητα και σοβαρότητα στις σχέσεις με τον πελάτη, τις δημόσιες αρχές και τους συναλλασσόμενους εν γένει. 5. Διακριτικότητα και προστασία της ιδιωτικής ζωής του πελάτη και δημιουργία ευχάριστης ατμόσφαιρας διακοπών.

ΙΙ.2. Πληροφορίες, διαφημίσεις και περιγραφές που δίνονται από τα μέλη του ΣΕΤΕ προς τρίτους σχετικά με τις επιχειρήσεις τους οφείλουν να είναι πλήρεις, σαφείς και ακριβείς και να μην περιέχουν παραπλανητικά στοιχεία.

ΙΙ.3. Η μεταχείριση των πελατών του ΣΕΤΕ πρέπει να ανταποκρίνεται στις πληροφορίες, διαφημίσεις και περιγραφές που δίνουν τα μέλη σχετικά με την επιχείρησή τους.

ΙΙ.4. Προσφορές με ευνοϊκούς οικονομικούς ή άλλους όρους προς το κοινό πρέπει να είναι αληθείς και να μην υποκρύπτουν αθέμιτο ανταγωνισμό.

ΙΙ.5. Οι τουριστικές εγκαταστάσεις, τα χερσαία, θαλάσσια και εναέρια μέσα μαζικής μεταφοράς των μελών του ΣΕΤΕ πρέπει να παρέχουν πλήρη ασφάλεια, άνεση, καθαριότητα και κατά το δυνατό αισθητική ικανοποίηση στους πελάτες.

ΙΙ.6. Οι παρεχόμενες υπηρεσίες κατά τη διαμονή, τη διακίνηση και την εστίαση των πελατών των επιχειρήσεων μελών του ΣΕΤΕ, πρέπει να διέπονται από πνεύμα σεβασμού και εξυπηρετήσεως και να τηρούνται οι παραδοσιακές αρχές της ελληνικής φιλοξενίας.

II.7. Τα προσφερόμενα προς πώληση ή προς κατανάλωση προϊόντα των επιχειρήσεων μελών του ΣΕΤΕ, πρέπει να είναι ικανοποιητικά και σύμφωνα με την εκάστοτε ισχύουσα νομοθεσία και τις απαιτήσεις της συγκεκριμένης αγοράς κατά περίπτωση.

II.8. Η τιμολόγηση των πελατών των επιχειρήσεων μελών του ΣΕΤΕ πρέπει να είναι σαφής και με πλήρη επεξήγηση προς τους πελάτες.

II.9. Το προσωπικό των επιχειρήσεων μελών του ΣΕΤΕ, πρέπει να εκπαιδεύεται κατάλληλα ώστε να ικανοποιεί τις αρχές του παρόντος Κώδικα και στις προσωπικές επαφές να δημιουργεί ατμόσφαιρα ειλικρινούς προθυμίας για τη εξυπηρέτηση των πελατών.

II.10. Οι επιχειρήσεις μέλη του ΣΕΤΕ κατά την άσκηση της επιχειρηματικής τους δραστηριότητας πρέπει να χρησιμοποιούν το σήμα του ΣΕΤΕ στα έντυπα, εγκαταστάσεις και λοιπά μέσα προβολής και διαφημίσεως ως σύμβολο ήθους και ποιότητας εγκαταστάσεων, προϊόντων και υπηρεσιών.

ΚΕΦΑΛΑΙΟ ΤΡΙΤΟ
ΣΧΕΣΕΙΣ ΤΩΝ ΜΕΛΩΝ ΤΟΫ ΣΕΤΕ ΜΕΤΑΞΥ ΤΟΥΣ

III.1. Τα μέλη του ΣΕΤΕ ασκούν, κατά το Καταστατικό, τουριστικές επιχειρήσεις με ιδιωτικοοικονομικά κριτήρια και σύμφωνα με τους κανόνες της ιδιωτικής οικονομίας.
III.2. Η ανάπτυξη πνεύματος συνεργασίας και αλληλεγγύης μεταξύ των μελών του ΣΕΤΕ καθώς και η αμοιβαία υποστήριξη περιλαμβάνονται στους ειδικότερους σκοπούς του καταστατικού του ΣΕΤΕ.
III.3. Οι επιχειρηματικές σχέσεις των μελών του ΣΕΤΕ μεταξύ τους, πρέπει να διέπονται από τις αρχές της νομιμότητας, της ειλικρίνειας και της καλής πίστεως και να τηρούνται τα συναλλακτικά ήθη στα πλαίσια της ελεύθερης και ανταγωνιστικής αγοράς.

III.4. Τα μέλη του ΣΕΤΕ πρέπει να απέχουν από ενέργειες και πράξεις που αφ' ενός μεν μπορεί να προξενήσουν βλάβη στο κύρος και τους καταστατικούς σκοπούς του ΣΕΤΕ, αφ ετέρου δε, να αποτελέσουν αθέμιτο ανταγωνισμό μεταξύ τους όπως π.χ. αθέμιτη απόσπαση πελατείας, αθέμιτη εκμετάλλευση επιχειρηματικών ευκαιριών κ.τ.λ.

III.5. Τα μέλη του ΣΕΤΕ πρέπει να απέχουν από ενέργειες και πράξεις που μπορεί τυχόν να οδηγήσουν σε δυσφήμιση μελών του ΣΕΤΕ, ειδικότερα δε να τηρούν την αρχή της εχεμύθειας για επιχειρηματικά γεγονότα ή στοιχεία ή δημοσιοποίηση ή εκμετάλλευση των οποίων μπορεί να οδηγήσει σε βλάβη των συμφερόντων μέλους του ΣΕΤΕ ή του ελληνικού τουρισμού γενικότερα.

III.6. Τα μέλη του ΣΕΤΕ πρέπει να ενημερώνουν τον ΣΕΤΕ και να ανταλλάσσουν εμπιστευτικά πληροφορίες και στοιχεία που αφορούν στην ελληνική ή και αλλοδαπή τουριστική αγορά και που περιέρχονται σε γνώση τους, επηρεάζουν δε σημαντικά την επιχειρηματική δραστηριότητα μέλους ή μελών του ΣΕΤΕ ή τον ελληνικό τουρισμό γενικότερα όπως π.χ. φερεγγυότητα συμβεβλημένων επιχειρήσεων, αντισυμβατική συμπεριφορά, παραβάσεις συμβατικών υποχρεώσεων, κατάχρηση δεσπόζουσας θέσης, επιβλαβείς για τον ελληνικό τουρισμό κρίσεις κ.τ.λ.

III.7. Τα μέλη του ΣΕΤΕ πρέπει να παρέχουν πρόθυμα πληροφορίες και στοιχεία μεταξύ τους σχετικά με την προϋπηρεσία και απασχόληση προσωπικού και να απέχουν από ενέργειες αθέμιτης αποσπάσεως εργατικού δυναμικού.

III.8. Τα μέλη του ΣΕΤΕ πρέπει να συνεργάζονται πρόθυμα μεταξύ τους κατά κλάδους, κατά τόπους ή και γενικότερα και να ανταλλάσσουν απόψεις σχετικά με τον καθορισμό οικονομικής ή τιμολογιακής πολιτικής, επιφυλασσομένων όμως πάντοτε των αρχών του ελεύθερου ανταγωνισμού και της αποφυγής της αθέμιτης συμπράξεως επιχειρήσεων, προς το συμφέρον του ελληνικού τουρισμού γενικότερα.

III.9. Τα μέλη του ΣΕΤΕ πρέπει να εξυπηρετούν κατά το δυνατόν και κατά προτεραιότητα συγκεκριμένα αιτήματα παροχής βοηθείας και υποστηρίξεως προς άλλα μέλη του ΣΕΤΕ κατά την άσκηση επιχειρηματικής δραστηριότητας όπως π.χ. περιπτώσεις πρόσκαιρης και ανυπαίτιας αδυναμίας εκπληρώσεως συμβατικών υποχρεώσεων έναντι τρίτων, περιπτώσεις υπέρ-κρατήσεων, απεργιών κ.τ.λ.

III.10. Κατά την τιμολόγηση των υπηρεσιών ή της χρήσεως εγκαταστάσεων ή μεταφορικών μέσων ή και προϊόντων εν γένει τα μέλη του ΣΕΤΕ εφ' όσον συνεργάζονται επιχειρηματικά μεταξύ τους πρέπει να εφαρμόζουν τη ρήτρα του μάλλον ευνοούμενου πελάτη (best client base) είτε πρόκειται για πληρωμή από μέλος είτε πρόκειται για πληρωμή προς μέλος του ΣΕΤΕ.

ΚΕΦΑΛΑΙΟ ΤΕΤΑΡΤΟ
ΕΠΙΤΡΟΠΗ ΔΕΟΝΤΟΛΟΓΙΑΣ – ΔΙΑΙΤΗΣΙΑ

IV.1. Η αρμοδιότητα ελέγχου των μελών του ΣΕΤΕ για την τήρηση του Καταστατικού και των Κανόνων Δεοντολογίας ανήκει στο Διοικητικό Συμβούλιο του ΣΕΤΕ. Με απόφαση του Διοικητικού Συμβουλίου κατά το άρθρο 30 του Καταστατικού, το Διοικητικό Συμβούλιο μπορεί να συστήσει Επιτροπή Δεοντολογίας καθορίζοντας συγχρόνως τον αριθμό των μελών, τις αρμοδιότητες και τον κανονισμό λειτουργίας της Επιτροπής σε σχέση με τον έλεγχο τηρήσεως των διατάξεων του Καταστατικού και των Κανόνων Δεοντολογίας.

IV.2. Με σκοπό την αποφυγή τυχόν δικαστικών διενέξεων των μελών του ΣΕΤΕ μεταξύ τους κατά την άσκηση της επιχειρηματικής τους δραστηριότητας, τα μέλη του ΣΕΤΕ εφ' όσον έχουν παράπονα κατά άλλου μέλους που βασίζονται στις διατάξεις του Καταστατικού ή στους Κανόνες Δεοντολογίας, υποβάλλουν σχετική αίτηση ελέγχου προς το Διοικητικό Συμβούλιο του ΣΕΤΕ ή την Επιτροπή Δεοντολογίας, εφ' όσον έχει συσταθεί.

IV.3. Το Διοικητικό Συμβούλιο (ή η Επιτροπή), έχει δικαίωμα να εξετάσει τα παράπονα του μέλους με όλα τα πρόσφορα κατά την κρίση του μέσα, δεν μπορεί όμως να εκδώσει απόφαση ελέγχου χωρίς προηγουμένως να έχει καλέσει το μέλος κατά του οποίου διενεργείται ο έλεγχος να δώσει εξηγήσεις. Σε περίπτωση αρνήσεως του μέλους να δώσει εξηγήσεις, εφ' όσον έχει κληθεί τρεις φορές ανά διαστήματα 15 ημερών, το Διοικητικό Συμβούλιο (ή η Επιτροπή) έχει το δικαίωμα να εκδώσει την απόφαση ελέγχου και χωρίς εξηγήσεις και να προχωρήσει στη εφαρμογή των διατάξεων του άρθρου 8 του Καταστατικού του ΣΕΤΕ που ορίζει τα πειθαρχικά παραπτώματα έναντι του ΣΕΤΕ καθώς και τις συνέπειες που έχουν αυτά.

IV.4. Με σκοπό την αποφυγή τυχόν δικαστικών διενέξεων μεταξύ τους, τα μέλη του ΣΕΤΕ κατά την επιχειρηματική τους δραστηριότητα εφ' όσον συμβάλλονται μεταξύ τους με έγγραφο πρέπει να περιλαμβάνουν στο σχετικό έγγραφο συμφωνία ρήτρας διαιτησίας με την οποία να υποβάλλουν κάθε διαφορά σχετική με τη συγκεκριμένη έγγραφη συμφωνία σε αποκλειστική διαιτησία, με διαιτητές οριζόμενους ανά ένα από κάθε μέρος και επιδιαιτητή τον εκάστοτε Πρόεδρο του Διοικητικού Συμβουλίου του ΣΕΤΕ και σε περίπτωση κωλύματος του Προέδρου, έναν από τους Αντιπροέδρους του ΣΕΤΕ και σύμφωνα με τους κανόνες των άρθρων 867 και εξής του Κώδικα Πολιτικής Δικονομίας.

IV.5. Με σκοπό την αποφυγή τυχόν δικαστικών διενέξεων εις βάρος ή υπό μελών του ΣΕΤΕ και υπό ή κατά τρίτων, τα μέλη του ΣΕΤΕ κατά την επιχειρηματική τους δραστηριότητα, εφ' όσον συμβάλλονται με τρίτους μη μέλη του ΣΕΤΕ με έγγραφο, έχουν την δυνατότητα να επιδιώξουν να περιληφθεί στο σχετικό έγγραφο συμφωνία ρήτρας διαιτησίας με την οποία να υποβάλλουν κάθε διαφορά σχετική με την συγκεκριμένη έγγραφη συμφωνία σε αποκλειστική διαιτησία με διαιτητές οριζόμενους ανά ένα από κάθε μέρος και επιδιαιτητή τον εκάστοτε Πρόεδρο του Διοικητικού Συμβουλίου του ΣΕΤΕ και σύμφωνα με τους κανόνες των άρθρων 867 του Κώδικας Πολιτικής Δικονομίας.

IV.6. Στις ανωτέρω III.4. και III.5. περιπτώσεις, ο επιδιαιτητής αποδεχόμενος το διορισμό του, πρέπει να δηλώσει ότι ποσοστό ...% της αμοιβής του που θα ορίσει η διαιτητική απόφαση (πλην εξόδων), θα διατεθεί υπέρ του ΣΕΤΕ για την εκπλήρωση των καταστατικών του σκοπών.

IV.7. Με απόφαση της Γενικής Συνελεύσεως των μελών του ΣΕΤΕ ύστερα από πρόταση του Διοικητικού Συμβουλίου του ΣΕΤΕ, μπορεί να επιδιωχθεί η έκδοση Προεδρικού Διατάγματος για την καθιέρωση μόνιμης διαιτησίας του ΣΕΤΕ για τις διαφορές των μελών του κατά το άρθρο 902 του Κώδικας Πολιτικής Δικονομίας.

ΚΕΦΑΛΑΙΟ ΠΕΜΠΤΟ
ΙΣΧΥΣ ΚΑΝΟΝΩΝ - ΤΡΟΠΟΠΟΙΗΣΕΙΣ

V.1. Ο παρών Κώδικας Κανόνων Δεοντολογίας ισχύει αφ' ότου κοινοποιηθεί με απόδειξη προς κάθε ένα μέλος του ΣΕΤΕ.

V.2. Ο παρών Κώδικας Κανόνων Δεοντολογίας μπορεί να τροποποιηθεί ελεύθερα από το Διοικητικό Συμβούλιο του ΣΕΤΕ, η τροποποίηση όμως ισχύει αφ'ότου κοινοποιηθεί με απόδειξη προς κάθε ένα μέλος του ΣΕΤΕ.

Β. Ο Κώδικας δεοντολογίας στις δημόσιες σχέσεις
Ο ΚΩΔΙΚΑΣ ΤΩΝ ΑΘΗΝΩΝ

Το 1965 υπεγράφη στην Αθήνα ο περίφημος **Κώδικας των Αθηνών**, ο Διεθνής Κώδικας Δεοντολογίας των Δημοσίων Σχέσεων που εφαρμόζεται και σήμερα από όλα τα επιστημονικά σωματεία των Δημοσίων Σχέσεων παγκοσμίως.

Άρθρο 1.
Ο επαγγελματίας των Δημοσίων Σχέσεων πρέπει να προσπαθεί ώστε, να συμβάλλει στην πραγμάτωση των ηθικών και πνευματικών προυποθέσεων που επιτρέπουν στον άνθρωπο να αναπτύσσει την προσωπικότητα του και να απολαμβάνει τα απαράγραπτα δικαιώματα του που αναγνωρίζονται από την Οικουμενική Διακήρυξη των Δικαιωμάτων του Ανθρώπου.

Άρθρο 2.
Ο Επαγγελματίας των Δημοσίων Σχέσεων πρέπει να προσπαθεί ώστε να καθιερώνει επικοινωνιακά πρότυπα και διαύλους επικοινωνίας, ώστε ενθαρρύνοντας την ελεύθερη ροή των ουσιωδών πληροφοριών, να καθιστά κάθε μέλος της κοινωνικής ομάδας ενημερωμένο και να του παρέχει τόσο τη συνειδητοποίηση της προσωπικής του συμμετοχής και ευθύνης όσο και της αλληλεγγυότητας του πρός τα άλλα μέλη.

Άρθρο 3.
Ο Επαγγελματίας των Δημοσίων Σχέσεων πρέπει να προσπαθεί να συμπεριφέρεται πάντα και κάτω από οποιεσδήποτε συνθήκες, με τρόπο που να καταξιώνεται της εμπιστοσύνης εκείνων με τους οποίους έρχεται σε επαφή.

Άρθρο 4.
Ο Επαγγελματίας των Δημοσίων Σχέσεων πρέπει να προσπαθεί ώστε να λαμβάνει υπόψη του, ότι επειδή η φύση του επαγγέλματος του αναφέρεται στο κοινό, η επαγγελματική του συμπεριφορά συχνά και ιδιωτική αντανακλάται στον τρόπο που κρίνεται το επάγγελμα στο σύνολο του.

Ο Επαγγελματίας των Δημοσίων Σχέσεων, είναι υποχρεωμένος, να τηρεί κατά την άσκηση του επαγγέλματος του, τις αρχές και τους ηθικούς κανόνες της Οικουμενικής Διακήρυξης των Δικαιωμάτων του Ανθρώπου.

Άρθρο 6.

Ο Επαγγελματίας των Δημοσίων Σχέσεων, είναι υποχρεωμένος, να σέβεται και να περιφρουρεί την αξιοπιστία της ανθρώπινης προσωπικότητας και να αναγνωρίζει σε κάθε άτομο το δικαίωμα να διαμορφώνει μόνο του την προσωπική του κρίση.

Άρθρο 7.

Ο επαγγελματίας των Δημοσίων Σχέσεων είναι υποχρεωμένος να καθιερώνει τις ηθικές, πνευματικές και ψυχολογικές συνθήκες για ειλικρινή διάλογο και να αναγνωρίζει το δικαίωμα των συμμετεχόντων να θέτουν το θέμα τους και να εκφράζουν τις απόψεις τους.

Άρθρο 8.

Ο Επαγγελματίας των Δημοσίων Σχέσεων είναι υποχρεωμένος, να ενεργεί σε όλες τις περιπτώσεις με τρόπο που να λαμβάνει υπόψη του τα συμφέροντα και των δύο συμμετοχόντων μερών : του οργανισμού πρός τον οποίο παρέχει τις υπηρεσίες του και του άμεσα ενδιαφερομένου κοινού.

Άρθρο 9.

Ο Επαγγελματίας των Δημοσίων Σχέσεων είναι υποχρεωμένος, να τηρεί τις υποσχέσεις και υποχρεώσεις του, οι οποίες πρέπει να διατυπώνονται πάντοτε με τρόπο που να μην αφήνει περιθώρια παρερμηνείας και να ενεργεί νομότυπα και με ακεραιότητα σε όλες τις περιπτώσεις, έτσι ώστε να διατηρεί την εμπιστοσύνη των πελατών ή των εργοδοτών του παρελθόντων ή παρόντων, καθώς και όλων των ομάδων κοινού που αφορούν οι ενέργειες του.

Άρθρο 10.

Ο Επαγγελματίας των Δημοσίων Σχέσεων, πρέπει να αρνείται να υποτάσσει την αλήθεια σε άλλες επιταγές.

Άρθρο 11.

Ο Επαγγελματίας των Δημοσίων Σχέσεων πρέπει να αρνείται, να μεταδίδει πληροφορίες που δεν βασίζονται σε αποδεικτικά στοιχεία και διαπιστωμένα γεγονότα.

Άρθρο 12.

Ο Επαγγελματίας των Δημοσίων Σχέσεων πρέπει να αρνείται να δεσμεύεται ή να παίρνει μέρος σε οποιαδήποτε δραστηριότητα που προσβάλλει την ηθική, την τιμή ή την αξιοπρέπεια της ανθρώπινης προσωπικότητας.

Άρθρο 13.

Ο επαγγελματίας των Δημοσίων Σχέσεων πρέπει να αρνείται να χρησιμοποιεί σκόπιμα μεθόδους ή τεχνικές με σκοπό τη δημιουργία ασύνειδων κινήτρων, τα οποία στερούν το άτομο από την ελεύθερη κρίση του και συνεπώς από την ευθύνη των πράξεων του.

Παράρτημα 2

Παράρτημα 2
ΕΠΑΓΓΕΛΜΑΤΙΚΟΙ ΚΑΙ ΕΠΙΣΤΗΜΟΝΙΚΟΙ ΦΟΡΕΙΣ ΚΑΙ ΣΥΛΛΟΓΟΙ ΔΗΜΟΣΙΩΝ ΣΧΕΣΕΩΝ στην ΕΛΛΑΔΑ

Ελληνική Εταιρία Δημοσίων Σχέσεων Ελλάδας (ΕΕΔΣ)
Η Ελληνική Εταιρία Δημοσίων Σχέσεων (ΕΕΔΣ), η οποία ιδρύθηκε το 1960, ιδρυτικό μέλος της Ευρωπαϊκής Συνομοσπονδίας Δημοσίων Σχέσεων (CERP) και εκπροσωπεί την Ελλάδα στην Ευρωπαϊκή Συνομοσπονδία.
www.eeds.gr

Ένωση Εταιριών Διαφήμισης - Επικοινωνίας (ΕΔΕΕ)
Η ΕΔΕΕ ιδρύθηκε το 1968 με στόχο να αποτελέσει το επαγγελματικό όργανο που θα εκπροσωπεί τη διαφημιστική αγορά στην Ελλάδα και έλαβε το όνομα Ένωση Διαφημιστικών Εταιριών Ελλάδος. Η ΕΔΕΕ αποτελείται από 4 τομείς: τον Τομέα Διαφήμισης, που συγκεντρώνει τις Διαφημιστικές Επιχειρήσεις που παρέχουν πλήρεις διαφημιστικές υπηρεσίες, τον Τομέα Δημοσίων Σχέσεων, με μέλη Εταιρίες Δημοσίων Σχέσεων (Public Relations), Εταιρίες Δημοσίων Υποθέσεων (Public Affairs), Εταιρίες Προβολής, Οργάνωσης και Εκμετάλλευσης του Αθλητικού Marketing και Εταιρίες ΟργάνωσηςΕκμετάλλευσης Χορηγιών, τον Τομέα Media Specialists, με μέλη τις Εταιρίες Προγραμματισμού μέσων και αγοράς χώρου και χρόνου, και τον Τομέα Άμεσου Marketing, με μέλη Εταιρίες Άμεσου Marketing (Relationship και Database), Εταιρίες Αμφίδρομης Επικοινωνίας (Interactive Marketing) και Εταιρίες Σχεδιασμού και υλοποίησης προωθητικών ενεργειών (Promotional).
www.edee.gr

Ινστιτούτο Επικοινωνίας
Το Ινστιτούτο Επικοινωνίας ιδρύθηκε το 2002 και ξεκίνησε ως μια πρωτοβουλία της Ένωσης Εταιριών Διαφήμισης -Επικοινωνίας (ΕΔΕΕ) με βασικό στόχο τη συνένωση του επαγγελματικού με τον ακαδημαικό χώρο και τη διαμόρφωση ενός πεδίου γόνιμης συνύπαρξης όλων των ειδικοτήτων και τάσεων στο χώρο της επικοινωνίας. www.instofcom.gr

Σύλλογος Εταιρειών Δημοσκόπησης και Έρευνας Αγοράς
Ο Σύλλογος Εταιριών Δημοσκόπησης και Έρευνας Αγοράς (ΣΕΔΕΑ) ιδρύθηκε το 1990 έχοντας ως στόχο την προαγωγή τής επιστημονικής έρευνας αγοράς και κοινωνικής έρευνας στην Ελλάδα. Για την επίτευξη των στόχων του ο ΣΕΔΕΑ θέσπισε κώδικες δεοντολογίας και επαγγελματικής πρακτικής, που τα μέλη του οφείλουν να τηρούν, καθώς και μηχανισμούς ελέγχου της τήρησης αυτών.
www.sedea.gr

Ένωση Διαφημιστικών Εταιρειών Βορείου Ελλάδος.
Ιδρύθηκε το 1962 και έχει ως μέλη συμβούλους και στελέχη Δημοσίων
Σχέσεων που δραστηριοποιούνται στη Μακεδονία.
www.eedebe.blogspot.com

Εταιρεία Δημοσίων Σχέσεων Βορείου Ελλάδος.
Ιδρύθηκε το 1972. www.edisve.gr

Σύνδεσμος Ελλήνων Οργανωτών Εκθέσεων και Συνεδρίων.
Ο Σ.Ε.Ο.Ε.Σ. ιδρύθηκε στη διάρκεια της δεκαετίας του ΄80, από οργανωτές
εκθέσεων και συνεδρίων του ιδιωτικού τομέα, με αντικειμενικό σκοπό να
βοηθήσει και να συντονίσει την προσπάθεια βελτίωσης των συνθηκών
λειτουργίας του θεσμού και εξασφάλισης των εκθετών και των συνέδρων
επιχειρηματιών, βιομηχάνων, βιοτεχνών και εμπόρων, από αμφιβόλου
ποιότητας εκδηλώσεις.
www.seoes.gr

Συνδέσμος Ελλήνων Επαγγελματιών Οργανωτών Συνεδρίων -HAPCO
Ο Σύνδεσμος ιδρύθηκε το 1996 με στόχο την εκπροσώπηση των
επαγγελματιών διοργανωτών συνεδρίων και την συνολική προβολή του
συνεδριακού και επαγγελματικού τουρισμού της Ελλάδας, προωθώντας
αποτελεσματικά τις επιδιώξεις του συνεδριακού κλάδου και
πραγματοποιώντας δράσεις που ενισχύουν το κύρος και την απόδοσή του.
Στόχος του Συνδέσμου είναι η αναγνώριση και η καταξίωση των
επαγγελματιών του χώρου, καθώς επίσης και η καθιέρωση υψηλών
προδιαγραφών ποιότητας των προσφερόμενων υπηρεσιών στο συνεδριακό
και επαγγελματικό τουρισμό.
www.hapco.gr

Ινστιτούτο Οπτικοακουστικών Μέσων
Το Ινστιτούτο Οπτικοακουστικών Μέσων είναι ο Ελληνικός Οργανισμός
εφαρμοσμένης έρευνας για την οπτικοακουστική επικοινωνία.
Δημιουργήθηκε το 1994 από την Γενική Γραμματεία Επικοινωνίας - Γενική
Γραμματεία Ενημέρωσης, υπάγεται δε απευθείας στον Υπουργό Επικρατείας.
Το Ινστιτούτο ασχολείται συστηματικά με την έρευνα κυρίως για το
ραδιόφωνο, την τηλεόραση, τον κινηματογράφο, τα πολυμέσα και τις νέες
τεχνολογίες και παρακολουθεί τις εξελίξεις στην οπτικοακουστική
βιομηχανία. Στόχος είναι η υποστήριξη των δημόσιων φορέων και των
ιδιωτικών δομών του ελληνικού οπτικοακουστικού τομέα αλλά και ευρύτερα
της επικοινωνίας με την κυκλοφορία αξιόπιστων δεδομένων.
www.iom.gr

Διεθνείς Επαγγελματικοί Φορείς Δημοσίων Σχέσεων και Επικοινωνίας.

IPRA www.ipra.org: Η IPRA είναι ο πιο σημαντικός διεθνής οργανισμός για τις Δημόσιες Σχέσεις με μέλη κορυφαίους επαγγελματίες του χώρου

CERP www.cerp.org: Ευρωπαικός οργανισμός Δημοσίων Σχέσεων που έχει μέλη εθνικές και επαγγελματικές ενώσεις Δημοσίων Σχέσεων από όλη την Ευρώπη

EUPRERA www.euprera.org: Ευρωπαικός ανεξάρτητος οργανισμός Δημοσίων Σχέσεων που προωθεί γνώση, πρακτικές, εκπαίδευση και έρευνα στις Δημόσιες Σχέσεις

PRSA Public Relations Society of America - www.prsa.org: Η επαγγελματική εταιρεία Δημοσίων Σχέσεων για την Αμερική. Διατηρεί τμήμα φοιτητών (PRSSA).

Public Relations Consultants Association www.prca.org.uk: Η ένωση εταιρειών συμβούλων Δημοσίων Σχέσεων για το Ηνωμένο Βασίλειο.

EUPRIO www.euprio.org: Το EUPRIO ιδρύθηκε το 1986 και ανακοινώθηκε από τους υπουργούς Παιδείας και Τεχνολογίας της Ευρωπαικής Ένωσης ως το δίκτυο των επαγγελματιών Δημοσίων Σχέσεων στην Τριτοβάθμια εκπαίδευση.

ICCO www.iccopr.com/site: International Communications Consultancy Organization -Διεθνής οργανισμός Συμβούλων Επικοινωνίας

Athur W. Page Society www.awpagesociety.com: Διεθνής οργανισμός με μέλη ανώτερα στελέχη δημοσίων σχέσεων και επικοινωνιών που ασχολείται με την ενδυνάμωση του επαγγέλματος.

Council of Public Relations Firms www.prfirms.org: Το Συμβούλιο των Εταιρειών Δημοσίων Σχέσεων αντιπροσωπεύει τις επιχειρήσεις που ασχολούνται με τις δημόσιες σχέσεις.

IABC www.iabc.com: Διεθνής Ένωση Επαγγελματιών Επικοινωνίας.

IPR www.instituteforpr.com: Το Ινστιτούτο Δημοσίων Σχέσεων (Institute for Public Relations) έχει ως στόχο την έρευνα στις Δημόσιες Σχέσεις και την παραγωγή επιστημονικών κειμένων προς διάθεση στους επαγγελματίες του χώρου και ακαδημαϊκούς

Global Alliance www.globalpr.org: Δίκτυο συνεργασίας μεταξύ επαγγελματιών του χώρου των Δημοσίων Σχέσεων.

International Association for Media and Communication Research (IAMCR) www.iamcr.org: Παγκόσμιος Οργανισμός για την έρευνα στα ΜΜΕ και σε θέματα επικοινωνίας.

Council of Public Relations Firms www.prfims.org

Association for Education in Journalism and Mass Communication (AEJMC) www.aejmc.org: Φορέας εκπαίδευσης για δημοσιογραφία και μαζικής επικοινωνίας. Διατηρεί Τομέα Δημοσίων Σχέσεων στην διεύθυνση www.lamar.colostate.edu/~aejmcpr

Centre for Political Marketing www.keele.ac.uk: Ακαδημαϊκή ένωση Πολιτικού Μάρκετινγκ

Political Studies Association - Political Marketing Group www.psa.ac.uk/spgrp/polmarket/polmarketring.htm.

European Association of Political Consultants (EAPC) www.eapc.com: Ιδρύθηκε το 1996 στην Βιέννη και αριθμεί 68 μέλη ευρωπαίων πολιτικών συμβούλων

International Association of Political Consultants (IAPC) www.iapc.org: Ιδρύθηκε το 1968 και αριθμεί περισσότερο από 100 μέλη πολιτικών συμβούλων από όλο τον κόσμο

AAPC American Association of Political Consultants www.theaapc.org [20]: Ενωση Συμβούλων πολιτικής επικοινωνίας για την Αμερική

Association of Image Consultants International: www.aici.org: Διεθνής Ένωση συμβούλων διαχείρισης εικόνας και φήμης.

ECPA European Centre for Public Affairs www.publicaffairs.ac: Ευρωπαικό κέντρο Δημοσίων Υποθέσεων.

International Communication Association/ PR Division www.icahdq.org: Διεθνής Εταιρεία Επικοινωνίας που διατηρεί και Τομέα Δημοσίων Σχέσεων

Market Research Society www.marketresearch.org.uk: Η μεγάλυτερη διεθνής ένωση που ασχολείται με έρευνες αγοράς, κοινωνικές έρευνες, κοινή γνώμη καθώς και με business intelligence

ESOMAR www.esomar.org: European Society for Opinion and Marketing Research. Ευρωπαϊκός φορέας για την έρευνα της κοινής γνώμης και έρευνα αγοράς

AMEC www.amecorg.com/amec/index.asp: Ένωση για την μέτρηση και αξιολόγηση της Επικοινωνίας.

Ελληνικός Κώδικας Διαφήμισης - Επικοινωνίας

Ημερομηνία Δημοσίευσης: 12/05/2005.

Ο Κώδικας αφορά σε όλες τις διαφημίσεις για κάθε είδους προϊόντα και υπηρεσίες, καθώς και όλες τις μορφές εμπορικής και κοινωνικής επικοινωνίας.

ΕΚΤΑΣΗ ΚΑΙ ΣΚΟΠΟΣ

Ο **Ελληνικός Κώδικας Διαφήμισης-Επικοινωνίας** καταρτίστηκε από την ΕΔΕΕ και τον ΣΔΕ, καθώς και από τους ραδιοφωνικούς και τηλεοπτικούς σταθμούς κατόχους αδείας λειτουργίας, κατ' επιταγήν του άρθρου 9, του κεφαλαίου Β' "Οργανα αυτοδέσμευσης και αυτοελέγχου", του Νόμου 2863/2000, ο οποίος δημοσιεύθηκε στο ΦΕΚ Α' 262/ 29.11.2000.

Ο Κώδικας αφορά σε όλες τις διαφημίσεις για κάθε είδους προϊόντα και υπηρεσίες, καθώς και όλες τις μορφές εμπορικής και κοινωνικής επικοινωνίας. Ο Κώδικας ορίζει τους κανόνες επαγγελματικής δεοντολογίας και ηθικής συμπεριφοράς, που πρέπει να τηρούνται απέναντι στον πολίτη-καταναλωτή, από όλους όσους ασχολούνται με τη διαφήμιση, δηλαδή τους διαφημιζόμενους, τους διαφημιστές και τα διαφημιστικά μέσα, καθώς και τους εντολείς και τους εντολοδόχους όλων των παραπάνω μορφών επικοινωνίας.

Την ευθύνη της **εφαρμογής** του Ελληνικού Κώδικα Διαφήμισης-Επικοινωνίας φέρουν δύο Επιτροπές: η **Πρωτοβάθμια** και η **Δευτεροβάθμια Επιτροπή**.

ΕΦΑΡΜΟΓΗ

Ο Κώδικας εφαρμόζεται τόσο ως προς το πνεύμα του, όσο και ως προς το γράμμα του.

Το τελικό κριτήριο για τον χαρακτηρισμό μιας διαφήμισης ως παραπλανητικής και άρα αντιδεοντολογικής πρέπει να είναι ο πιθανός κίνδυνος παραπλάνησης του καταναλωτή, έστω και ως αποτέλεσμα φευγαλέας και αβασάνιστης εντύπωσης του. Ο Κώδικας αφορά σ' ολόκληρο το περιεχόμενο της διαφήμισης, δηλαδή σ' όλες τις λέξεις (εκφωνούμενες ή γραπτές), τους αριθμούς, τις οπτικές παραστάσεις, τη μουσική και τους ήχους, δηλαδή στο μήνυμα σε οποιαδήποτε απλή ή σύνθετη μορφή του. Κατά την έννοια αυτού του Κώδικα:

- η λέξη "διαφήμιση" λαμβάνεται στο ευρύτερο νόημα της και περιλαμβάνει κάθε μορφή διαφήμισης και επικοινωνίας για προϊόντα και υπηρεσίες, ανεξάρτητα από το μέσον που χρησιμοποιείται, καθώς και διαφημιστικά μηνύματα σε συσκευασίες προϊόντων, σε ετικέτες και σε υλικό των σημείων πώλησης

- η λέξη "προϊόν" σημαίνει και υπηρεσίες

- η λέξη "καταναλωτής" προσδιορίζει κάθε πολίτη, στον οποίο απευθύνεται η διαφήμιση, ή ο οποίος ενδέχεται να τη δει ή να την ακούσει, είτε ως τελικός καταναλωτής, είτε ως εμπορικός πελάτης ή ως χρήστης

- η λέξη "διαφημιζόμενος" προσδιορίζει οποιονδήποτε εντολέα για τον σχεδιασμό και την υλοποίηση οποιασδήποτε διαφήμισης ή άλλης μορφής επικοινωνίας από τις παραπάνω αναφερόμενες

ΒΑΣΙΚΕΣ ΑΡΧΕΣ

Ολες οι διαφημίσεις πρέπει να είναι νόμιμες, ευπρεπείς, έντιμες και να λένε την αλήθεια.

Κάθε διαφήμιση πρέπει να δημιουργείται με πνεύμα κοινωνικής ευθύνης και να είναι σύμφωνη με τις αρχές του θεμιτού ανταγωνισμού, όπως είναι γενικά παραδεκτός στο εμπόριο.

Καμία διαφήμιση δεν πρέπει να κλονίζει την εμπιστοσύνη του κοινού στη διαφημιστική λειτουργία.

ΚΑΝΟΝΕΣ

Ευπρέπεια Αρθρο 1
Οι διαφημίσεις δεν πρέπει να περιέχουν δηλώσεις ή οπτικές παραστάσεις, που προσβάλλουν τα ήθη και τις επικρατούσες αντιλήψεις ευπρέπειας.

Τιμιότητα Αρθρο 2
Η διατύπωση των διαφημίσεων πρέπει να είναι τέτοια, ώστε να μην κάνει κατάχρηση της εμπιστοσύνης του καταναλωτή και να μην εκμεταλλεύεται την έλλειψη πείρας ή γνώσεων του.

Κοινωνική ευθύνη Αρθρο 3
Οι διαφημίσεις δεν πρέπει:
1. Να εκμεταλλεύονται τους φόβους, τις προλήψεις και τις δεισιδαιμονίες των ανθρώπων. 2. Να περιέχουν στοιχεία, που μπορεί να οδηγήσουν άμεσα ή έμμεσα σε πράξεις βίας. 3. Να καπηλεύονται εθνικά θέματα, ιερά κείμενα, την εθνική πολιτισμική και πνευματική κληρονομιά, εθνικά μειονεκτήματα, θρησκευτικές δοξασίες κ.λπ.

Αλήθεια Αρθρο 4
1. Οι διαφημίσεις δεν πρέπει να περιέχουν δηλώσεις ή οπτικές παραστάσεις, που είτε άμεσα, είτε έμμεσα, με υπονοούμενα, με παραλείψεις, με διφορούμενα ή με υπερβολικούς ισχυρισμούς, μπορούν να παραπλανήσουν

τον καταναλωτή, ειδικότερα σε ό,τι αφορά: α.τις ιδιότητες του προϊόντος, όπως: είδος, σύνθεση, μέθοδος και χρόνος κατασκευής, καταλληλότητα για τον σκοπό για τον οποίο προορίζεται, ποικιλία χρήσεων, ποσότητα, εμπορική ή γεωγραφική προέλευση
β. την αξία του προϊόντος και την πραγματική συνολική τιμή του
γ. τους άλλους όρους αγοράς, όπως: πληρωμή με δόσεις, πώληση "επί πιστώσει", εκπτώσεις κ.λπ.
δ. την παράδοση, ανταλλαγή, επιστροφή, επισκευή και συντήρηση
ε. τους όρους εγγύησης
στ. την πνευματική ιδιοκτησία και τα δικαιώματα βιομηχανικής ιδιοκτησίας, όπως: πατέντες, κατατεθειμένα εμπορικά σήματα, σχέδια και πρότυπα, εμπορικές επωνυμίες
ζ. την επίσημη αναγνώριση ή έγκριση του προϊόντος, τις διακρίσεις με μετάλλια, διπλώματα ή άλλα βραβεία.

2. Οι διαφημίσεις δεν πρέπει να κάνουν κακή χρήση αποτελεσμάτων ερευνών ή περικοπών από τεχνικά και επιστημονικά συγγράμματα. Δεν πρέπει επίσης να γίνεται κακή χρήση επιστημονικών όρων, και να χρησιμοποιούνται επιστημονικοί ιδιωματισμοί και στοιχεία άσχετα με το θέμα, με σκοπό να παρουσιάσουν τους διαφημιστικούς ισχυρισμούς , ως βασισμένους σε επιστημονικά δεδομένα, που στην πραγματικότητα στερούνται.

Συγκρίσεις Αρθρο 5
Οι διαφημίσεις που περιέχουν συγκρίσεις πρέπει να σχεδιάζονται με τέτοιον τρόπο, ώστε η σύγκριση αυτή να μην παραπλανά και να υπόκειται στις αρχές του θεμιτού ανταγωνισμού. Τα στοιχεία σύγκρισης πρέπει να βασίζονται σε δεδομένα που μπορούν να αποδειχθούν και δεν πρέπει να επιλέγονται κακόπιστα και μεροληπτικά.

Επώνυμες μαρτυρίες Αρθρο 6
Οι διαφημίσεις δεν πρέπει να περιέχουν ή να αναφέρονται σε ενυπόγραφες μαρτυρίες ή επιδοκιμαστικές βεβαιώσεις (testimonials), εκτός αν αυτές είναι γνήσιες και αυθεντικές και βασίζονται σε προσωπική εμπειρία του μάρτυρα. Μαρτυρίες και βεβαιώσεις που έχουν εκ των πραγμάτων ξεπεραστεί, ή που δεν ισχύουν πια, δεν πρέπει να χρησιμοποιούνται.

Δυσφήμηση Αρθρο 7
Οι διαφημίσεις δεν πρέπει να δυσφημούν άλλες εταιρίες ή προϊόντα, ούτε άμεσα ούτε έμμεσα.

Προστασία της ιδιωτικής ζωής Αρθρο 8
Οι διαφημίσεις δεν πρέπει να απεικονίζουν ή να αναφέρονται σε οποιοδήποτε άτομο, είτε ιδιώτη είτε δημόσιο πρόσωπο, χωρίς να προηγείται άδειά του, ούτε να απεικονίζουν ή να αναφέρονται, χωρίς προηγούμενη άδεια, σε οποιουδήποτε φυσικού ή νομικού προσώπου την ιδιοκτησία, με τρόπο που μπορεί να δημιουργήσει την εντύπωση προσωπικής επιδοκιμασίας.

Εκμετάλλευση φήμης Αρθρο 9

1. Οι διαφημίσεις δεν πρέπει να κάνουν αδικαιολόγητα χρήση του ονόματος ή των αρχικών οποιασδήποτε εταιρείας, επιχείρησης, οίκου, οργανισμού ή ιδρύματος.

2. Οι διαφημίσεις δεν πρέπει να επωφελούνται καταχρηστικά από την καλή φήμη του ονόματος και του συμβόλου μιας άλλης εταιρίας ή άλλου προϊόντος, ή από τις ευνοϊκές εντυπώσεις που δημιούργησε μια άλλη διαφημιστική εκστρατεία.

Μίμηση Αρθρο 10

1. Οι διαφημίσεις δεν πρέπει να μιμούνται τη γενική εμφάνιση, το κείμενο, τα συνθήματα, τις οπτικές παραστάσεις, τη μουσική, τους ήχους κ.λπ. άλλων διαφημίσεων, με τρόπο που μπορεί να παραπλανήσει ή να δημιουργήσει σύγχυση.

2. Οταν ένας διαφημιζόμενος, με πολυεθνική δραστηριότητα, έχει καθιερώσει ένα προϊόν του με μια ορισμένη διαφήμιση σε μια χώρα, δεν επιτρέπεται άλλοι διαφημιζόμενοι να μιμούνται αθέμιτα τις διαφημίσεις του στις υπόλοιπες χώρες, όπου ο πρώτος εμπορεύεται, εμποδίζοντάς τον έτσι να χρησιμοποιήσει τη διαφήμιση του στις χώρες αυτές.

Αναγνώριση των διαφημίσεων Αρθρο 11

Οι διαφημίσεις πρέπει να διακρίνονται ως διαφημίσεις, οποιαδήποτε μορφή κι αν έχουν και οποιοδήποτε μέσο κι αν χρησιμοποιούν. Κάθε καταχώριση σε Εντυπο ή Ηλεκτρονικό Μέσο Ενημέρωσης, που περιέχει ειδήσεις ή άλλη αρθρογραφία, πρέπει να παρουσιάζεται με τέτοιον τρόπο, ώστε να αναγνωρίζεται εύκολα ως διαφήμιση. Αν υπάρχει και η ελάχιστη περίπτωση σύγχυσης, να δηλώνεται σαφώς ότι πρόκειται για διαφήμιση.

Σεβασμός στην ασφάλεια Αρθρο 12

Οι διαφημίσεις δεν πρέπει, χωρίς να συντρέχουν λόγοι εκπαιδευτικής ή κοινωνικής ωφέλειας, να περιέχουν οπτικές παραστάσεις ή περιγραφές επικίνδυνων δραστηριοτήτων, ή καταστάσεις που δείχνουν αδιαφορία για την ασφάλεια. Ειδική προσοχή απαιτούν οι διαφημίσεις, που απεικονίζουν ή απευθύνονται σε παιδιά ή νέους.

Παιδιά και νέοι Αρθρο 13

1. Οι διαφημίσεις δεν πρέπει να εκμεταλλεύονται τη φυσική ευπιστία των παιδιών ή την έλλειψη πείρας των νέων.

2. Οι διαφημίσεις που απευθύνονται σε παιδιά ή νέους ή που είναι πιθανό να επηρεάσουν παιδιά ή νέους, δεν πρέπει να περιέχουν στοιχεία ή οπτικές παραστάσεις, που θα μπορούσαν να τους βλάψουν πνευματικά, ηθικά ή σωματικά.

Ευθύνη Αρθρο 14

1. Η ευθύνη για την τήρηση των κανόνων του Κώδικα ανήκει στους διαφημιζόμενους, στους διαφημιστές και στους εκδότες ή ιδιοκτήτες των Εντυπων και Ηλεκτρονικών Μέσων Ενημέρωσης, καθώς και των λοιπών διαφημιστικών μέσων ή τους εντεταλμένους αναδόχους τους :

α. Ο διαφημιζόμενος υπέχει τη γενική ευθύνη για τις διαφημίσεις του.

β. Ο διαφημιστής πρέπει να φροντίζει να μην αντίκεινται στον Κώδικα οι διαφημίσεις, τις οποίες δημιουργεί, επιμελείται ή προωθεί προς τα Μέσα Ενημέρωσης και τα λοιπά διαφημιστικά μέσα. Επίσης πρέπει να επισημαίνει στον διαφημιζόμενο τυχόν παρεκκλίσεις από το γράμμα ή/και το πνεύμα του Κώδικα και να τον βοηθάει στην τήρησή του.

γ. Τα διαφημιστικά μέσα πρέπει να ασκούν τον πρέποντα έλεγχο, προτού αποδεχθούν μια διαφήμιση και την παρουσιάσουν στο κοινό.

2. Η ευθύνη για την τήρηση των κανόνων του Κώδικα αφορά τη διαφήμιση σε κάθε μορφή της, συμπεριλαμβανομένων των επώνυμων μαρτυριών, των δηλώσεων και τον οπτικών παραστάσεων, που προέρχονται από άλλες πηγές. Το γεγονός ότι το περιεχόμενο ή η μορφή προέρχονται, ολικά ή μερικά, από άλλη πηγή, δεν αποτελεί κατά κανένα τρόπο αμάχητο τεκμήριο για τη μη τήρηση των κανόνων.

3. Κανένας διαφημιζόμενος, διαφημιστής, εντολέας ή εντολοδόχος, των παραπάνω αναφερομένων μορφών επικοινωνίας, εκδότης, ιδιοκτήτης έντυπου ή ηλεκτρονικού Μέσου Ενημέρωσης ή άλλου διαφημιστικού μέσου, ή εντεταλμένος ανάδοχος του, δεν πρέπει να συμπράττει με οποιονδήποτε τρόπο και για οποιονδήποτε λόγο στη δημοσίευση διαφήμισης που κρίθηκε από το αρμόδιο όργανο για την τήρηση και εφαρμογή του παρόντος Κώδικα ως αντικείμενη στους θεσπιζόμενους με τον εν λόγω Κώδικα κανόνες δεοντολογίας.

Τεκμηρίωση Αρθρο 15
Οι διαφημιζόμενοι πρέπει να είναι σε θέση να τεκμηριώνουν στα όργανα αυτοδέσμευσης και αυτοελέγχου, που είναι υπεύθυνα για την εφαρμογή του Κώδικα, τις περιγραφές, τους ισχυρισμούς και τις απεικονίσεις που περιέχονται στις διαφημίσεις τους.

Αρμοδιότητα Αρθρο 16
Την αρμοδιότητα και ευθύνη της τήρησης και εφαρμογής του Κώδικα έχει η δια του Νόμου 2863/2000 προβλεπόμενη να συσταθεί Αστική Εταιρία ελέγχου διαφημιστικών μηνυμάτων, με δύο Επιτροπές Ελέγχου του περιεχομένου των διαφημιστικών μηνυμάτων και όλων των άλλων μορφών εμπορικής και κοινωνικής επικοινωνίας. Μία Πρωτοβάθμια, η οποία εκτός από την εκδίκαση προσφυγών, γνωμοδοτεί και επί αιτήσεων προέγκρισης και επιλαμβάνεται και αυτεπαγγέλτως προβληματικών πιθανόν διαφημίσεων ή/και άλλων μορφών εμπορικής και κοινωνικής επικοινωνίας και μία Δευτεροβάθμια, η οποία εκδικάζει προσφυγές κατά αποφάσεων της Πρωτοβάθμιας.

Νομική και ηθική υποχρέωση Αρθρο 17
Ηθική και νομική υποχρέωση αυτοδέσμευσης και αυτοελέγχου, για την πιστή εφαρμογή των διατάξεων του Κώδικα εφ' όλης της επικοινωνιακής ύλης και συμμόρφωση προς τις αποφάσεις των Επιτροπών Ελέγχου έχουν όλοι οι με οποιοδήποτε τρόπο εμπλεκόμενοι στο σύστημα επικοινωνίας, είτε είναι διαφημιζόμενος, διαφημιστής, εντολέας ή εντολοδόχος των παραπάνω αναφερομένων μορφών επικοινωνίας, εκδότης, ιδιοκτήτης έντυπου ή ηλεκτρονικού Μέσου Ενημέρωσης ή άλλου διαφημιστικού μέσου.

Το παράρτημα του Ελληνικού Κώδικα Διαφήμισης που αφορά στη διαφήμιση προς παιδιά εγκρίθηκε από την ετήσια Τακτική Γενική Συνέλευση των μελών της Ενωσης Διαφημιστικών Εταιριών Ελλάδος (Ε.Δ.Ε.Ε.) της 5ης Ιουλίου 1993.

ΠΑΡΑΡΤΗΜΑ Ι

ΔΙΑΦΗΜΙΣΕΙΣ ΠΟΥ ΑΠΕΥΘΥΝΟΝΤΑΙ ΣΕ ΠΑΙΔΙΑ

1. ΕΙΣΑΓΩΓΗ
α. Ως παιδιά νοούνται άτομα κάτω των 14 ετών.
β. Το παράρτημα αυτό καλύπτει την επικοινωνία που αφορά προϊόντα που άμεσα απευθύνονται στα παιδιά. Αλλά και όσα προϊόντα κατά κύριο λόγο και την κοινή λογική, χρησιμοποιούν τα παιδιά.
Επίσης καλύπτει κάθε συμμετοχή παιδιών σε διαφημίσεις, ιδιαίτερα ως προς την συμπεριφορά τους.
γ. Το παράρτημα αυτό καλύπτει όλες τις διαφημίσεις και κάθε είδους προϊόν ή υπηρεσία σύμφωνα με τον ορισμό τους στον Κώδικα αυτό.

2. ΓΕΝΙΚΕΣ ΑΡΧΕΣ
α. Απαγορεύονται διαφημίσεις που προτρέπουν τα παιδιά να αγοράσουν προϊόντα τηλεφωνικά ή από το ταχυδρομείο.
β. Σε μορφές έμμεσης διαφήμισης (advertorials-editorials) να είναι ευκρινές ότι πρόκειται για διαφήμιση. Το ίδιο ισχύει για κάθε μορφή έμμεσης επικοινωνίας.

3. ΓΙΑ ΤΗ ΣΥΜΠΕΡΙΦΟΡΑ ΤΩΝ ΠΑΙΔΙΩΝ
α. Η συμπεριφορά παιδιών που συμμετέχουν σε διαφημίσεις πρέπει να είναι σύμφωνη με τη γενικώς νοούμενη καλή συμπεριφορά.
β. Οι διαφημίσεις δεν πρέπει να υποσκάπτουν το κύρος, την υπευθυνότητα και να αμφισβητούν την κρίση των γονέων.
γ. Απαγορεύεται να εμφανίζονται παιδιά να καταναλώνουν ή να επικροτούν με κάθε τρόπο την κατανάλωση αλκοολούχων ποτών.

4. ΥΠΟΣΧΕΣΕΙΣ

α. Οι διαφημίσεις που αφορούν τα παιδιά δεν πρέπει να κάνουν το παιδί να πιστεύει ευθέως ότι η ευτυχία, η κοινωνική καταξίωση ή η επιτυχία, θα προέλθουν άμεσα από την απόκτηση συγκεκριμένου προιόντος.

β. Κανένα προιόν δεν πρέπει να υπόσχεται στα παιδιά ότι αν το αποκτήσουν θα υπερτερούν από τα άλλα ή το αντίθετο.

γ. Δεν πρέπει η επικοινωνία να περιέχει προτροπή στα παιδιά να πιέσουν άλλους να τους αγοράσουν τα διαφημιζόμενα προιόντα.

δ. Πρέπει να δίνεται ιδιαίτερη προσοχή, ώστε σε κάθε μορφή επικονωνίας να μπορεί να εκτιμηθεί σωστά το μέγεθος και η ιδιότητα του προιόντος που προβάλλεται. Ιδίως ως προς τη φυσική κατάσταση ή τη λειτουργικότητά του.

ε. Οταν αναφέρεται τιμή, δεν πρέπει η διαφήμιση να παραπλανά ως προς τις συγκριτικές αξίες με λέξεις όπως "μόνο" κ.λ.π. ή να υπονοείται ότι το προιόν είναι εύκολο να αποκτηθεί από τον καθένα.

5. ΘΕΜΑΤΑ ΑΣΦΑΛΕΙΑΣ

α. Οι διαφημίσεις δεν πρέπει να περιέχουν δήλωση ή οπτική παρουσίαση παιδιών σε επικίνδυνες πράξεις ή παιδιά να συναναστρέφονται αγνώστους ή να βρίσκονται σε μη αρμόζον γι' αυτά περιβάλλον.

β. Να μην οδηγούν παιδιά μηχανικά μέσα επικίνδυνα για αυτά, ούτε να χρησιμοποιούν ηλεκτρικά/επικίνδυνα σκεύη.

γ. Να μην σκαρφαλώνουν επικίνδυνα (ράφια κ.λ.π.) ούτε να ανεβαίνουν επικίνδυνα σε σκάλες, γέφυρες χωρίς επίβλεψη/ προστασία.

δ. Να μην κρατούν σε διαφήμιση τα παιδιά φάρμακα χωρίς γονική παρουσία/καθοδήγηση και να μην χρησιμοποιούν σπίρτα, βενζίνη ή πετρέλαιο χωρίς επίβλεψη.

ε. Οταν παρουσιάζονται παιδιά στο δρόμο, να δίνεται ιδιαίτερη προσοχή στην τήρηση του Κ.Ο.Κ. Το Παράρτημα του Ελληνικού Κώδικα Διαφήμισης που αφορά στη "Διαφήμιση και Προβολή Προϊόντων Καπνού" εγκρίθηκε από την ετήσια Τακτική Γενική Συνέλευση των μελών της ΕΔΕΕ της 29ης Ιουνίου 1994.

ΠΑΡΑΡΤΗΜΑ ΙΙ

ΔΙΑΦΗΜΙΣΗ ΚΑΙ ΠΡΟΒΟΛΗ ΠΡΟΙΟΝΤΩΝ ΚΑΠΝΟΥ

Το Παράρτημα του Ελληνικού Κώδικα Διαφήμισης που αφορά στην Οικολογία και στο Περιβάλλον εγκρίθηκε από την ετήσια Τακτική Γενική Συνέλευση των μελών της ΕΔΕΕ της 29ης Ιουνίου 1994.

ΠΑΡΑΡΤΗΜΑ ΙΙΙ

ΟΙΚΟΛΟΓΙΑ ΚΑΙ ΠΕΡΙΒΑΛΛΟΝ

ΣΚΟΠΟΣ

 Σκοπός του Παραρτήματος αυτού είναι να καθοριστούν τα πλαίσια μέσα στα οποία οφείλουν να κινούνται οι διαφημίσεις, αλλά και η κάθε είδους επικοινωνία προϊόντων ή υπηρεσιών, που περιλαμβάνουν ή υπονοούν ισχυρισμούς σχετικούς με την οικολογία ή το περιβάλλον.

ΚΑΝΟΝΕΣ

Εντιμότης- Ειλικρίνεια Αρθρο 1
Οι διαφημίσεις πρέπει να διατυπώνονται έτσι ώστε να μην εκμεταλλεύονται το ενδιαφέρον του καταναλωτή για το περιβάλλον, ή να εκμεταλλεύονται την πιθανή έλλειψη οικολογικής γνώσης.

Οικολογική Συμπεριφορά Αρθρο 2
Οι διαφημίσεις δεν πρέπει να φαίνεται ότι ενθαρρύνουν ή συναινούν με πράξεις που έρχονται σε αντίθεση με την κοινά αποδεκτή οικολογική ή περιβαλλοντική συμπεριφορά.

Ειλικρινής Παρουσίαση Αρθρο 3
Οι διαφημίσεις δεν πρέπει να περιλαμβάνουν δηλώσεις ή παρουσιάσεις που μπορεί να παραπλανήσουν τους καταναλωτές ως προς τις οικολογικές προδιαγραφές ή τα πλεονεκτήματα των προϊόντων ή σχετικά με ενέργειες του διαφημιζόμενου προς όφελος του περιβάλλοντος. Εταιρικές διαφημίσεις δεν μπορούν να επικαλούνται οικολογικές αξιώσεις αν αυτές δεν αφορούν εκάστοτε στο σύνολο των δραστηριοτήτων τους.
Εκφράσεις όπως "φιλικό στο περιβάλλον", ή "οικολογικά ασφαλές" κ.λ.π. οι οποίες εμφανίζουν ότι ένα προϊόν ή δραστηριότητα δεν έχουν αντίκτυπο, ή έχουν μόνο θετική επίδραση στο περιβάλλον, δεν πρέπει να χρησιμοποιούνται εκτός εάν τεκμηριώνονται απόλυτα.

Επιστημονική έρευνα Αρθρο 4
Οι διαφημίσεις μπορούν να χρησιμοποιούν τεχνικές "παρουσιάσεις" ή επιστημονικά ευρήματα σχετικά με κάποιο θετικό οικολογικό αντίκτυπο μόνον όταν είναι ουσιαστικά και επιστημονικά τεκμηριωμένα.
Οικολογική ή επιστημονική ορολογία είναι δεκτή μόνον εάν είναι σχετική, και χρησιμοποιείται με ένα συγκεκριμένο τρόπο, ο οποίος είναι εύκολα κατανοητός από τους καταναλωτές.

Testimonials Αρθρο 5
Λόγω της γρήγορης ανάπτυξης της επιστήμης του περιβάλλοντος και της τεχνολογίας, πρέπει να λαμβάνεται ιδιαίτερη μέριμνα, ώστε να μην γίνονται αναληθείς ισχυρισμοί, στη χρήση testimonials, όταν υποστηρίζουν μια οικολογική υπόσχεση, ιδίως λόγω αλλαγής στη σύνθεση του προϊόντος. Να δίνεται ιδιαίτερη προσοχή στο να ισχύουν οι υποσχέσεις την περίοδο που γίνεται η καμπάνια.

Υπεροχή Αρθρο 6
Υπεροχή σε θέματα οικολογικά έναντι των ανταγωνιστών μπορεί να υπόσχεται ένα προϊόν, όταν εμφανίζει σημαντικό πλεονέκτημα ουσιαστικό και

αντιληπτό στον καταναλωτή που είναι δεκτικό σύγκρισης και μπορεί να αποδεικνύεται.

Οι υποσχέσεις σε σχέση με τα ανταγωνιστικά προιόντα, όταν βασίζονται στην απουσία ενός επιβλαβούς συστατικού ή μιας καταστρεπτικής επίδρασης επιτρέπονται μόνον, όταν άλλα προιόντα της ίδιας κατηγορίας περιλαμβάνουν το συστατικό ή προξενούν τη συγκεκριμένη επίδραση.

Περιεχόμενα και συστατικά προιόντων Αρθρο 7
Οικολογική αξίωση που συντρέχει σε ένα στάδιο παραγωγής ή διάθεσης δεν πρέπει να δίνει την εντύπωση ότι αναφέρεται και σε άλλα στάδια, τυχόν μη οικολογικά. Οικολογικές υποσχέσεις, αφ' ενός μεν, δεν πρέπει να αναφέρονται σε περισσότερα στάδια του κύκλου ενός προιόντος ή σε περισσότερες ιδιότητές του, αφ' ετέρου δε, πρέπει να πιστοποιούν ή να υποδεικνύουν σαφώς σε ποια στάδια ή σε ποια ιδιότητα αναφέρονται. Οταν οι διαφημίσεις αναφέρονται στη μείωση συστατικών ή στοιχείων, τα οποία έχουν αρνητική επίδραση στο περιβάλλον (αντίκτυπο), πρέπει να είναι σαφές ποιο στοιχείο ελαττώνεται. Τυχόν εναλλακτικό συστατικό πρέπει να επιφέρει σημαντική οικολογική βελτίωση.

Σήματα και σύμβολα Αρθρο 8
Οικολογικά σήματα και σύμβολα πρέπει να χρησιμοποιούνται σε μία διαφήμιση, όταν η πηγή αυτών των σημάτων ή συμβόλων σαφώς αναφέρεται και δεν υπάρχει σύγχυση σχετικά με το νόημά τους. Τέτοια σήματα και σύμβολα δεν πρέπει ψευδώς να υπονοούν κάποια επίσημη έγκριση.

Ανταγωνιστικά σήματα Αρθρο 9
Η οικολογική επικοινωνία δεν δίνει το δικαίωμα να χρησιμοποιούνται σήματα των ανταγωνιστών για αναφορά ή σύγκριση.

ΚΩΔΙΚΑΣ ΔΕΟΝΤΟΛΟΓΙΑΣ ΚΑΙ ΠΡΑΚΤΙΚΗΣ ΤΟΥ ΤΟΜΕΑ ΔΗΜΟΣΙΩΝ ΣΧΕΣΕΩΝ ΤΗΣ ΕΔΕΕ

Υλοποίηση Υποσχέσεων
Οι εταιρίες δημοσίων σχέσεων πρέπει να συνεργάζονται με τους πελάτες τους ώστε να διασφαλίζεται εκ των προτέρων ότι και οι δύο πλευρές έχουν κοινή και σαφή αντίληψη των προσδοκιών που αφορούν στα αποτελέσματα των προσπαθειών των εταιριών δημοσίων σχέσεων. Οι εταιρίες δημοσίων σχέσεων πρέπει να καθορίζουν συγκεκριμένους στόχους για τις ενέργειες επικοινωνίας και μετά να εργάζονται για την υλοποίησητων υποσχέσεών τους. Οι εταιρίες δημοσίων σχέσεων δεν πρέπει να εγγυούνται αποτελέσματα που δενμπορούν να υποστηριχθούν ή τα οποία θέτουν υπό αμφισβήτηση την ακεραιότητα των ΜΜΕ.

Ασυμβίβαστο
Οι εταιρίες δημοσίων σχέσεων μπορούν να εκπροσωπούν πελάτες με συγκρουόμενα συμφέροντα. Δεν μπορεί όμως να ξεκινήσει η παροχή

υπηρεσιών για έναν νέο πελάτη με συμφέρον που συγκρούεται με αυτόυφιστάμενου πελάτη, εάν ο τελευταίος δεν έχει πρώτα ενημερωθεί και λάβει τη δυνατότητα να ασκήσει τα όποιαδικαιώματα απορρέουν από την σύμβασή του με την εταιρία.

Εκπροσώπηση

Οι εταιρίες δημοσίων σχέσεων μπορούν να αρνηθούν ή να αποδεχθούν μια ανάθεση στη βάση των προσωπικών θέσεων και απόψεων της διοίκησης της εταιρίας ή της στρατηγικής της κατεύθυνσης.

Διοίκηση και Επιχειρηματικές Πρακτικές

Οι εταιρίες δημοσίων σχέσεων δεσμεύονται να τηρούν κανόνες ηθικής συμπεριφοράς και να εφαρμόζουν τιςκαλύτερες επιχειρηματικές πρακτικές στην αντιμετώπιση όλων των κοινών. Οι εταιρίες δημοσίων σχέσεων σεκαμία περίπτωση δεν αναπτύσσουν οικονομικές σχέσεις με στελέχη των πελατών τους.

Εφαρμογή

Ο Κώδικας αυτός εφαρμόζεται από μία πενταμελή Επιτροπή Εφαρμογής η οποία ορίζεται από το Διοικητικό Συμβούλιο της ΕΔΕΕ και λειτουργεί βάσει σχετικού Κανονισμού που έχει θεσπιστεί και εγκριθεί από το ΔΣ τηςΕΔΕΕ.

ΚΩΔΙΚΑΣ ΔΕΟΝΤΟΛΟΓΙΑΣ ΚΑΙ ΠΡΑΚΤΙΚΗΣ ΤΟΥ ΤΟΜΕΑ ΔΗΜΟΣΙΩΝ ΣΧΕΣΕΩΝ ΤΗΣ ΕΔΕΕ

Οι εταιρίες δημοσίων σχέσεων είναι εταιρίες παροχής συμβουλευτικών υπηρεσιών που βοηθούν τους πελάτεςτους να επηρεάσουν απόψεις, διαθέσεις και συμπεριφορές. Η επιρροή αυτή συνεπάγεται ευθύνη απέναντι στουςπελάτες, στους εργαζομένους στις εταιρίες δημοσίων σχέσεων, στο επάγγελμα και ευρύτερα στο κοινωνικόσύνολο.

Αντικειμενική Συμβουλή και Καθοδήγηση

Οι εταιρείες δημοσίων σχέσεων δεν μπορούν να έχουν συμφέροντα που ενδέχεται να διακυβεύουν τον ρόλο τους ως ανεξάρτητων συμβούλων. Πρέπει να προσεγγίζουν τους πελάτες τους με αντικειμενικότητα, ώστε να τους βοηθούν να υιοθετούν τη βέλτιστη στρατηγική επικοινωνίας και συμπεριφορά. Οι εταιρείες Δημόσιων Σχέσεων δεν μπορούν να διατηρούν μετοχική σχέση με οποιαδήποτε εταιρεία ανήκει σε όμιλο εταιρειών στην ιδιοκτησίατου οποίου υπάρχει Μ.Μ.Ε. Οι εταιρείες Δημοσίων Σχέσεων δεν επιτρέπεται να έχουν ως μετόχους ή ως μέλητου Διοικητικού Συμβουλίου αυτών ή των συνδεδεμένων με αυτές εταιρειών εν ενεργεία δημοσιογράφους.Επίσης, οι εταιρείες Δημοσίων Σχέσεων δεν επιτρέπεται να απασχολούν με μόνιμη έμμισθη σχέση σε θέσεις επιρροής στο κοινό ή στους εν δυνάμει πελάτες τους εν ενεργεία δημοσιογράφους.

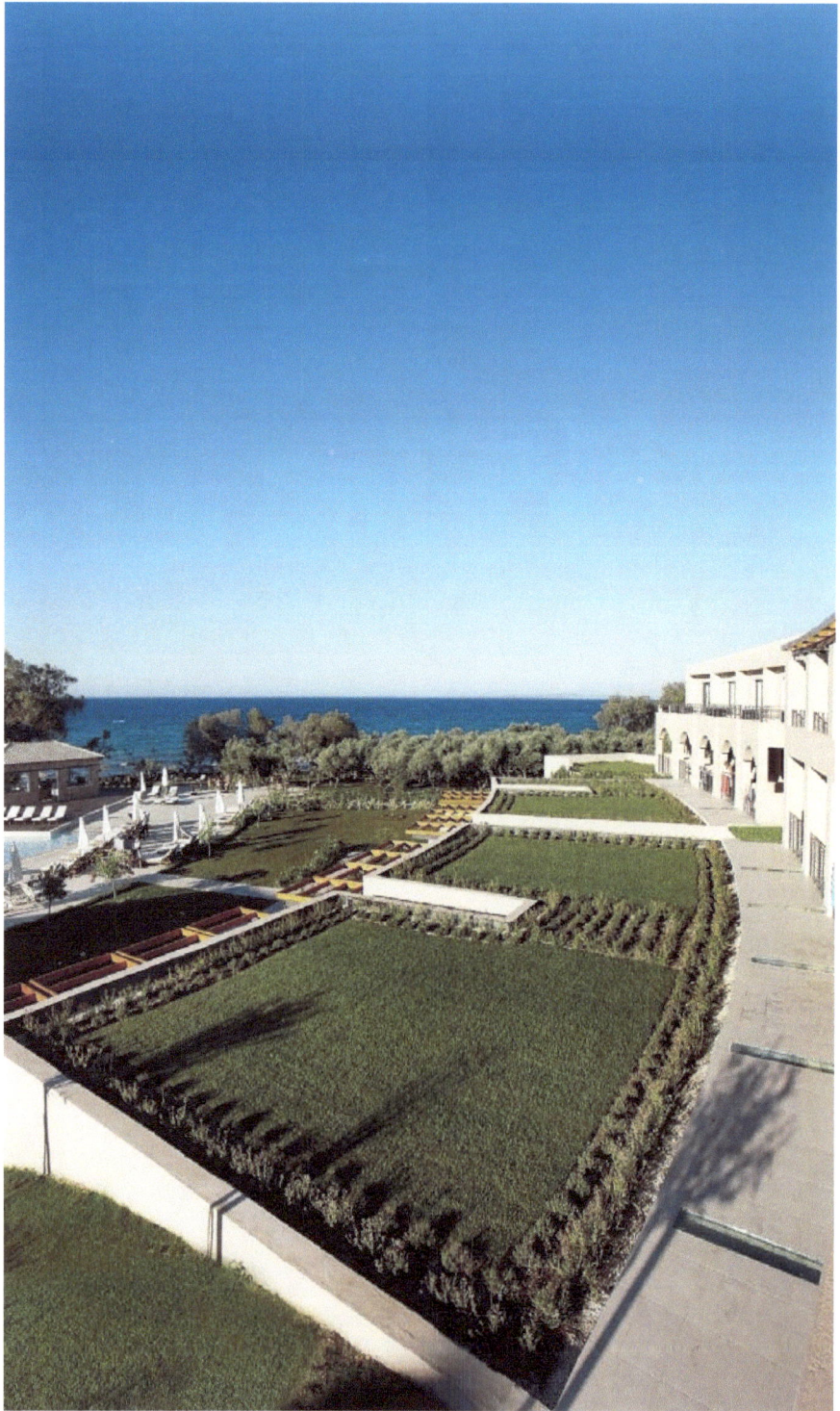

Κοινωνία

Ελευθερία λόγου, ανοικτή κοινωνία και ΜΜΕ χωρίς εξαρτήσεις δημιουργούν το πλαίσιο λειτουργίας για τοεπάγγελμα των δημοσίων σχέσεων. Οι εταιρείες δημοσίων σχέσεων λειτουργούν στην ανοικτή αυτή κοινωνία,συμμορφώνονται με τους κανόνες της και συνεργάζονται με πελάτες που μοιράζονται την ίδια προσέγγιση.

Εμπιστευτικότητα

Η εμπιστοσύνη βρίσκεται στο κέντρο της σχέσης μεταξύ ενός πελάτη και μίας εταιρείας δημοσίων σχέσεων.Πληροφορίες που έχουν δοθεί εμπιστευτικά από έναν πελάτη και οι οποίες δεν είναι ευρέως γνωστές, δεν πρέπει να μοιράζονται με άλλους χωρίς τη συναίνεση του πελάτη.

Ακεραιότητα Πληροφόρησης

Οι εταιρείες δημοσίων σχέσεων δεν πρέπει εσκεμμένα να παραπλανούν το κοινό για πραγματικά γεγονότα ή γιατα συμφέροντα που εκπροσωπεί ένας πελάτης. Οι εταιρείες πρέπει να καταβάλλουν κάθε προσπάθεια για την ορθή απόδοση των δεδομένων.

Προτεινόμενη βιβλιογραφία για μελέτη

Στην Αγγλική γλώσσα

Arfin, F.N. Financial Public Relations. *Trans-Atlantic 1994*

Austin, E and Pinkleton, B (2nd ed) Strategic Public Relations Management: Planning and Managing Effective Communication Programs, *Lawrence Erlbaum Associates, 2006*

Backwith, N. Managing professional communications agencies: How to double your profitability, *PRCA, 2007*

Baskin, Otis ⊗ Arnoff, Craig. Public Relations: The Profession and The Practice. *3rd ed.*

Bernstein, D., Company Image and Reality, Holt, *Rinehart ⊗ Winston, 1984*

Botan, C and Hazleton, V (eds) Public Relations Theory II, *Lawrence Erlbaum Associates, 2006*

Brown ⊗ Benchmark 1992.Bernstein, Alan. Emergency Public Relations Manual. *3rd ed. PASE 1988*

Blythe, J. Marketing communications, *FT Prentice Hall, 2000*

Broom, Glen M.⊗ Dozier, David M. Using Research in Public Relations: Applications to Program *Management. Prentice-Hall 1989.*

Budd, John. CEO Credibility: The Management of Reputation. *Turtle Publishing 1993.*

Center, Allen ⊗ Jackson, Patrick. Public Relations Practices : Managerial Case Studies and Problems. *4th ed. Prentice-Hall 1990.*

Gray, James G., Jr. Managing the Corporate Image: The Key To Public Trust. *Greenwood 1986.*

Coombs, W and Holladay, S. It's not just PR: Public Relations in Society, *Blackwell Publishing, 2007*

Corrado, Frank. Communicating With Employees. *Crisp Publishing 1994.*

Cox H. Barbara, Internet Marketing in Hoσnitality, *Νετεffεct Σεriεσ, 2003*

Cutlip, Scott. Public Relations History: From the Seventeenth to the Twentieth Century. *L. Erlbaum 1995.*

Cutlip, Scott. The Unseen Power: Public Relations. *A History. L. Erlbaum 1994.*

Cutlip, Scott ⊗ Center, Allen. Effective Public Relations. 7th ed. *Prentice Hall 1994*

Davis, A (2nd ed) Mastering Public Relations, *Palgrave Macmillan, 2007*

Deuschl, Dennis, Travel And Tourism Public Relations: An Introductory Guide For Hospitality Managers, *Butterworth-heinemann, 2005*

Dorley, J and Garcia, H. Reputation Management: The Key to Successful Public Relations and Corporate Communication, *Routledge, 2006*

Dowling, G. Creating Corporate Reputations: Identity, Image and Performance, *Oxford University Press, 2001*

Egan, J. Marketing communications, *Thomson Learning, 2007*

Engeseth, S. The Fall of PR and the Rise of Advertising, *Stefan Engeseth Publishing, 2009*

Fitzpatrick, K and Bronstein, C (eds) Ethics in Public Relations: Responsible Advocacy, *Sage Publications, 2006*

Φletcher, John, Θουρισm, 5thED., *Pεαρσ n, 2013*

Fombrun, C. Reputation: Realizing Value from the Corporate Image, *Harvard Business School Press, 2005*

Freitag, A and Stokes, A., Global Public Relations: Spanning borders, spanning cultures, *Routledge, 2009*

Godin, S. Permission Marketing: Turning Strangers into Friends, and Friends into Customers, *Simon & Schuster, 1999*

Gregory, A (3rd ed) Planning and Managing Public Relations Campaigns: A Strategic Approach, *Kogan Page, 2010*

Green, A (4th ed) Creativity in Public Relations, *Kogan Page, 2010*

Grunig, J (ed) Excellence in Public Relations and Communications Management, Lawrence *Erlbaum Associates, 1992*

Grunig, James & Hunt, Todd. Managing Public Relations. *HBJ College 1984*

Harris, T and Whalen, P. The Marketer's Guide to Public Relations in the 21st Century, *Thomson South-Western, 2006*

Harrison, E. Bruce. Going Green: How to Communicate Your Company's Environmental Commitment. *Irwin 1993*

Hobsbawm, J (ed) Where The Truth Lies: Trust and Morality in PR and Journalism, *Atlantic Books, 2006*

Hsu, H. Cathy, Marketing Hospitality, *Wiley, 2002*

Ihlen, O et al . Public Relations and Social Theory: Key Figures and Concepts, *Routledge, 2009*

Ind, N., The Corporate Image, *Kogan Page, 1992*

Jεnningσ Gaylε, Θουρισm Rεσεarch, 2nd Ed, *Wilεy, 2010*

Kotlεr Philin, εt. al., Markεting φor Hoσnitality and Θουρισm, *Pεαρσ n Nεw Intεrnati nal E iti n, 2013*

Kitchen, P (ed) Public Relations: Principles and Practice, *Thomson, 1997*

Ledinghan, J and Bruning, S., Public Relations as Relationship Management: A relational approach to the study and practice of public relations, *Lawrence Erlbaum Associates, 2000*

Lesly, Philip. Lesly's Handbook of Public Relations and Communications. *AMACOM 1991.*

The Management of a Public Relations Firm. PRSA Fulfillment Department.

Levine, R, Locke, C, Searls, D and Weinberger, D. The Cluetrain Manifesto, *Perseus Books, (tenth anniversary edition-2000 / 2009)*

McElreath, M. Managing Systematic and Ethical Public Relations Campaigns, *Brown & Benchmark,*

1996

McKenna, C., The World's Newest Profession: Management Consulting in the Twentieth Century, *Cambridge University Press, 2006*

Manheim, Jarol B. All of the People, All of the Time: Strategic Communications & American Politics. *M.E. Sharpe 1991.*

Newsom, Doug, et al. This is PR: The Realities of Public Relations. *5th ed. Wadsworth 1993*

Middleton, Kent & Chamberlin, Bill. Law of Public Communication. *3rd ed. Longman 1994.*

Olasky, Marvin N. Corporate Public Relations & American Private Enterprise. *L. Erlbaum 1987*

Morley, M. How to Manage your Global Reputation, *Palgrave Macmillan, 2002*

Moss, D and DeSanto, B., Public Relations Cases: International Perspectives, *Routledge, 2001*

Oliver, S (2nd ed) Public Relations Strategy, *Kogan Page, 2007*

Ottman, Jacquelyn. Green Marketing: Challenges and Opportunities for the New Marketing Age. *NTC 1994*

Parsons, P. Ethics In Public Relations: A Guide To Best Practice, *Kogan Page, 2004*

Pitcher, G. The Death of Spin, *Wiley, 2002*

Pinsdorf, Marion. Communicating When Your Company Is Under Siege: Surviving Public Crisis *Free Press 1986.*

Seitel, Fraser P. The Practice of Public Relations. *6th ed. Macmillan 1994*

Raymond Diane Business Ethics, *McGraw-Hill, 1990*

Ries, A and Ries, L. The Fall of Advertising & The Rise of PR, *HarperCollins, 2002*

Rosenbaum, Michael. Selling Your Story to Wall Street: The Art & Science of Investor

Relations. Probus 1994.

Σαrgeant Adrian and Elaine Jay, Φundraiσing Management, 3rd Ed., *R υtle ge, 2014*

Simon, Raymond & Wylie, Frank. Cases in Public Relations Management. *NTC 1994.*

Smucker, Bob. The Nonprofit Lobbying Guide. *Jossey-Bass 1991.*

Norman Stone Norman, The Management & Practice of Public Relations, *McMillan Business, 1999*

Σcott M. David, Θhε Nεw Ruleσ oφMarketing & PR: How to Uσε Σocial Mεdia, Ωnlinε Vidεo, Mobilε Annlicationσ, Blogσ, Nεwσ Rεlεασεσ, and Viral Marketing to Rεach Buyεrσ Directly, nαnεrback, *Wilεy, 2013*

Smith, R (3rd ed) Strategic Planning for Public Relations, *Lawrence Erlbaum Associates, 2009*

Taggart, Philip W., et. al. Taking Your Company Public. *AMACOM 1990*

Theaker, A (3rd ed) The Public Relations Handbook, *Routledge, 2008*

Toth, E and Heath, R (eds) Rhetorical and Critical Approaches to Public Relations, *Lawrence Erlbaum Associates, 1992*

Van Der Wagen Lynn, Communication in Tourism & Hospitality, *Hospitality Press, 1997*

Walsh, Frank. Public Relations & The Law. *Books on Demand.*

Weiner, Richard. Webster's New World Dictionary of Media and Communications.
3rd ed. Macmillan 1996

White, J and Mazur, L. Strategic Communications Management: Making Public Relations Work, *Addison-Wesley, 1995*

Windahl, S, Signitzer, B with Olson, J (2nd ed) Using Communication Theory: An Introduction to Planned Communication, *Sage, 2008*

Wittenberg, Ernest & Wittenberg, Elisabeth. How to Win in Washington.
Basil Blackwell 1994.

Yale, David. The Publicity Handbook. *NTC Business 1991*

Wouters, Joyce. International Public Relations: How to Establish Your Company's Product, Service & Image in Foreign Markets. *Books on Demand 1994.*

White, J and Mazur, L. Strategic Communications Management: Making Public Relations Work, *Addison-Wesley, 1995*

Weaver David, Θourism Management, 5thEd., *Wiley, 2014*

Windahl, S, Signitzer, B with Olson, J (2nd ed) Using Communication Theory: An Introduction to Planned Communication, *Sage, 2008*

Στην Ελληνική γλώσσα

Αντώνογλου Ελεάννα, Δημόσιες Σχέσεις, *Παπαζήσης, 2001*

Αρναούτογλου Ελευθερία, Δημόσιες Σχέσεις, *Interbooks, 1999*

Βεντούρα - Νεοκοσμίδη, Ζωή, Σύγχρονη διοιξητική δημοσίων σχέσεων, *Εκδ. Μπένου, 2001*

Βουαγιέ Ζαν Πιέρ, Εισαγωγή στην επιστήμη της Δημοσιότητας, *Ερατώ, 2000*

Εξαδάκτυλος Νίκος, Δημόσιες Σχέσεις, *Έλλην, 1995*

Ζέρβα Μαγδαληνή, Δημόσιες Σχέσεις στη κοινωνία της πληροφορίας, *Anubis, 2000*

Ζαϊρης Αντώνης & Κυριαζόπουλος Παναγιώτης, Επιχειρησιακή Επικοινωνία, *Σύγχρονη Εποχή, 2000*

Ιωάννου, Γιάννης Δημόσιες Σχέσεις, *Εκδοτικός Οίκος Α. Α. Λιβάνη,2007*

Κουτούπης Θαλής, Πρακτικός Οδηγός δημοσίων σχέσεων, *Πιπερόπουλος, 1999*

Λαμπρόπουλος Β. Α., Εγχειρίδιο εφαρμοσμένων δημοσίων σχέσεων, *Σταμούλης, 1994*

Λύτρας Περικλής, Δημόσιες Σχέσεις και Επικοινωνία στον Τουρισμό, *Interbooks, 2008*

Λύτρας Περικλής, Κοινωνιολογία και Ψυχολογία Τουρισμού, *Interbooks, 2004*

Μαγνήσαλης Κώστας, Δημόσιες Σχέσεις, *Interbooks, 2002*

Μιχαλάς Τάσος, Δημόσιες Σχέσεις Εργαλείο δημιουργίας επιτυχίας, *Έλλην, 1999*

Μήλιος Ανδρέας, Εταιρική Ταυτότητα & Εταιρική Εικόνα, *Εκδόσεις Σταμούλη, 2006*

Μπικηρόπουλος Θεοχάρης, Η εξουσία της επικοινωνίας, γραφείο Τύπου και δημοσίων σχέσεων, *Παπαζήσης 2006*

Μπίλλης Λεωνίδας, Επικοιωνία, δημόσιες σχέσεις, *Interbooks, 1999*

Μπένου Ευγ., Δημόσιες Σχέσεις, Παπαλεξανρή, *2001*

Παπατριανταφύλλου Γιώργος, Προγράμματα δημοσίων σχέσεων, *Εκδόσεις Σταμούλης Α.Ε., 2008*

Πιπερόπουλος Γιώργος, Επικοινωνώ άρα υπάρχω, *Ζυγός, 1999*

Φαναριώτης Π., Επιχειρησιακή Επικοινωνία:Εισαγωγή στη θεωρία και τεχνική της σύγχρονης επιχειρησιακής επικοινωνίας, *Εκδόσεις Σταμούλη, 2010*

Φαρμάκης Ιωάννης, Αποτελεσματικές Δημόσιες Σχέσεις, *Εκδόσεις Κλειδάριθμος, 2006*

Chaumely Jean, Οι δημόσιες σχέσεις, *Ζαχαρόπουλος, 1991*

Jefkins Frank, Δημόσιες Σχέσεις, *Κλειδάριθμος, 1994*

Mallinson William, Public Lies and private truths, *Leader Boooks, 2000*

Wilcox Dennis, Τεχνικές δημοσίων σχέσεων, *Έλλην, 2001*

Wilcox Dennis, Public Relations:Strategies and tactics, *Έλλην, 2001*

Οι χορηγοί φωτογραφικού υλικού

ELEON ΓRAND RESORT & SPA

Το Eleon Grand Resort and Spa βρίσκεται στο Τραγάκι της Ζακύνθου, δίπλα από την παραλία. Διαθέτει 174 δωμάτια.και μοντέρνες εγκαταστάσεις για να γίνει πραγματικότητα μια αξέχαστη διαμονή για όσους το επισκεφτούν. Γύρω από την εξωτερική πισίνα υπάρχουν μεγάλοι χώροι όπου μπορεί κανείς να κάνει ηλιοθεραπεία, ενώ το εστιατόριο και τα μπαρ προσφέρουν θεσπέσια πιάτα, εξωτικά κοκτέιλ σε μία ήρεμη ατμόσφαιρα. Επιπλέον, το θέρετρο διαθέτει κέντρο ομορφιάς (spa) για πλήρη χαλάρωση. Η επίπλωση των δωματίων είναι σε υψηλό επίπεδο ποιότητας και διαθέτουν όλες τις ευκολίες που αναμένει κανείς από ένα ξενοδοχείο αυτού του επιπέδου, όπως κλιματισμό και δορυφορική τηλεόραση. Το αεροδρόμιο απέχει 25 λεπτά

Οι εγκαταστάσεις στο Eleon Grand Resort and Spa περιλαμβάνουν:

- 24ωρη Υπηρεσία Υποδοχής

- Αθλητικό Κέντρο

- Βόλεϋ

- Γήπεδα Tennis

- Γυμναστήριο

- Ενασχόληση και Ψυχαγωγία Παιδιών

- Ενοικίαση Αυτοκινήτων

- Εξωτερική Πισίνα

- Εστιατόριο(α)

- Μίνι Μάρκετ

- Μπαρ στην Πισίνα

- Παιδική Πισίνα

- Παιδική Χαρά

- Σαλόνι Ομορφιάς

- Τζακούζι

- Υπηρεσία Ανταλλαγής Συναλλάγματος

- Υπηρεσία Πλυντηρίου

- Ψυχαγωγία

ALEXANDRA BEACH THASSOS SPA RESORT

Το Alexandra Beach Thassos Spa Resort στη Θάσο ανήκει στον όμιλο ξενοδοχείων Κοθάλη Α.Ε., διαθετει 200 δωμάτια που σχεδιάστηκαν με μοναδικό στυλ, έτσι ώστε να δημιουργούν μια ευχάριστη ατμόσφαιρα, οι πελάτες μπορούν να απολαύσουν τις ανέσεις και τα facilities ενός υπερσύγχρονου, αλλά συγχρόνως φιλικού και οικείου ξενοδοχείου.

Επίσης στις εγκαταστάσεις του ξενοδοχείου δημιουργήθηκε και λειτουργεί το πρώτο κέντρο αναζωογόνησης και ομορφιάς (SPA) στη Θάσο, όπου μπορεί κανείς να αναζωογονηθεί και να χαλαρώσει "Σώμα και Πνεύμα" είτε στο "υγρό στοιχείο", είτε με τα διάφορα είδη μασάζ και άλλων θεραπειών, που περιλαμβάνει το πιο σύγχρονο SPA στη Β. Ελλάδα!

Ακόμα μπορεί κανείς να απολαύσει τα ποικίλα εδέσματα και τις "γνήσιες" γεύσεις, που προσφέρουν το κεντρικό εστιατόριο "Αστερίας" και η ταβέρνα "Θάλασσα", καθώς και τα δροσιστικά ποτά δίπλα στην πισίνα, στο Pool Bar "Ιππόκαμπος", αγναντεύοντας το "Άγιο Όρος", μέσα από τα κρυστάλλινα νερά, την αύρα του Αιγαίου, το γαλάζιο ουρανό και το παιχνίδισμα του ήλιου.

Στο Alexandra Beach Thassos Spa Resort μπορεί κάποιος να συνδυάσει ξεκούραση και εργασία. Το Συνεδριακό Κέντρο του ξενοδοχείου, "Θεαγένης" δυναμικότητας 150 ατόμων, με όλα τα σύγχρονα οπτικοακουστικά μέσα και την επαγγελματική εξυπηρέτηση του προσωπικού, είναι η εγγύηση της επιτυχίας.

Αντί Επιλόγου...

Οι δημόσιες σχέσεις στο χώρο του τουρισμού και της φιλοξενίας δεν μαθαίνονται στη θεωρία, αλλά εξασκούνται στη πράξη ! Οι γνώσεις από αυτό το βιβλίο επέχουν το ρόλο του πλαισίου μέσα στο οποίο κινούνται οι βασικές αρχές δίνοντας το στίγμα της φύσης και του ρόλου της εταιρικής επικοινωνίας όπως αυτή ασκείται και εφαρμόζεται από τις τουριστικές επιχειρήσεις σήμερα.

Η γνώμη και συμβουλή του συγγραφέα στους αναγνώστες του βιβλίου είναι να μελετούν συνεχώς και να προβληματίζονται ! Η εταιρική επικοινωνία αποτελεί επιστήμη, πρακτική αλλά και τρόπο επιχειρηματικής κουλτούρας και σκέψης!

Η άποψη ότι η τουριστική επιχείρηση αποτελεί μία ακόμη κοινή επιχείρηση που υπόκειται στους νόμους του μάρκετινγκ, της προσφοράς και της ζήτησης υπηρεσιών δεν ευσταθεί, και αυτό γιατί η τουριστική επιχείρηση προσφέρει στους πελάτες της το πλέον σημαντικό αγαθό, τη ζωή την ίδια, την απόλαυση και τη ψυχοσωματική ευεξία! Με αυτό στο μυαλό μας, βλέπουμε στη πράξη ότι η συμπεριφορά της τουριστικής επιχείρησης συνδέεται άμεσα με την κοινωνία την ίδια, τη φύση, το περιβάλλον, τον πολιτισμό, το τρόπο ζωής, τη ζωή την ίδια!

Μάρκος Κομνηνάκης

Επικοινωνία με τον συγγραφέα
Ο αναγνώστης μπορεί να επικοινωνεί με τον συγγραφέα στην διεύθυνση
mkomninakis@hotmail.com